爱立方
Love cubic

育儿智慧分享者

微信扫描以上二维码，或者搜索"爱立方家教育儿"

公众号即可加入"爱立方家教俱乐部"，阅读精彩内容：

10岁前，

你一定要给孩子这些

伟大"基因"

周道男　李琼珠　周佳敏　著

北京理工大学出版社

BEIJING INSTITUTE OF TECHNOLOGY PRESS

图书在版编目（CIP）数据

10岁前，你一定要给孩子这些伟大"基因" / 周道男, 李琼珠, 周佳敏 著. -- 北京 : 北京理工大学出版社, 2016.10

ISBN 978-7-5682-1791-0

Ⅰ.①1… Ⅱ.①周… ②李… ③周… Ⅲ.①家庭教育 Ⅳ.①G78

中国版本图书馆CIP数据核字（2016）第230458号

本书通过四川一览文化传播广告有限公司代理，经台湾野人文化股份有限公司授权出版中文简体字版本。

著作权合同登记号 图字：01-2015-7684

出版发行 / 北京理工大学出版社有限责任公司
社　　址 / 北京市海淀区中关村南大街 5 号
邮　　编 / 100081
电　　话 / （010）68914775（总编室）
　　　　　　82562903（教材售后服务热线）
　　　　　　68948351（其他图书服务热线）
网　　址 / http://www.bitpress.com.cn
经　　销 / 全国各地新华书店
印　　刷 / 三河市九洲财鑫印刷有限公司
开　　本 / 700 毫米 × 1000 毫米　　1/16
印　　张 / 16.25　　　　　　　　　　　责任编辑 / 李慧智
字　　数 / 172千字　　　　　　　　　　文案编辑 / 李慧智
版　　次 / 2016年10月第1版　2016年10月第1次印刷　　责任校对 / 周瑞红
定　　价 / 32.00元　　　　　　　　　　责任印制 / 边心超

图书出现印装质量问题，请拨打售后服务热线，本社负责调换

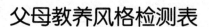

父母教养风格检测表

父母的教养风格会影响孩子的个性与为人处世的态度。在进入本书前，邀请爸爸妈妈先进行自我检测，通过这些问题了解你是哪一种教养风格。了解自己的教养风格，可以帮助父母们调整到最理想、最适合你和孩子的教养方式喔！

请阅读以下问题，根据你最有可能的反应，"诚实"作答：

1.你的孩子动手打了另一个孩子，这时你会：

A.非常生气，要他回家，家法伺候。

B.假装没看到。

C.认为孩子还小不懂事，打架是难免的，不用太在意。

D.告诉孩子这样做是不对的，要他跟另一个小朋友道歉。回家后再细问他为什么这样做，针对问题开导。

2.孩子把房间弄得乱七八糟，不整理就想出去玩，这时你会：

A.义正词严地要孩子立刻整理，不然就处罚他。

B.没关系，房间乱不是什么大不了的事。

C.让孩子出去玩，帮他整理就可以了。

D.问孩子为什么不收好，如果急着出去玩，问孩子打算何时整理，要他承诺后才能出去。

3.很晚了，孩子不睡觉，还跟你说他肚子饿，这时你会：

A.不是很高兴地跟他说，谁叫他晚餐吃那么少，要他立刻去睡。

B.要孩子去睡觉，告诉他睡着了就不会觉得饿了。

C.亲手弄东西或找东西给孩子吃。

D.弄一些东西给孩子吃，跟他说从明天起晚餐要吃饱，不要再三更半夜找东西吃，并说明这样为什么不好。

4.你发现未成年的孩子竟然看A片，这时你会：

A.脸色一沉，把A片抢过来销毁，并严加惩罚。

B.没关系，不过就是A片而已。

C.孩子如果想看，只要他高兴就好，大人不一定要干涉。

D.问孩子为什么想看，介绍他更好看且适合他年龄的电影，借此转移孩子不当的好奇心。

5.你的孩子不做分内该做的家事，这时你会：

A.把他臭骂一顿，要他立刻整理。

B.故意不理他一阵子，等到他受不了，自然会把家事做好。

C.基本上，我家的孩子不太需要做家事。

D.提醒孩子该做家事了，如果有什么困难也要跟父母沟通，这样才是负责任的行为。

6.当孩子在百货公司吵着要买一个玩具，这时你会：

A.严肃地告诉他不行，家里玩具已经那么多了，完全不为所动。

B.虽然很烦，但是没关系，就让他吵，看他可以吵多久。

C.立刻买给他，看孩子高兴的样子觉得很心满意足。

D.问孩子是否可以从他省下的零用钱或压岁钱扣款，并且提醒他有许多好玩的玩具，要考虑一下是否愿意花已存下的钱在这个玩具上。

7.如果你的孩子半夜被噩梦惊醒，跑来找你，这时睡眼惺忪的你会：

A.告诉他赶快去睡觉，叫他不要那么胆小，只是做噩梦而已。

B.假装没被摇醒，这样孩子就会乖乖回去睡觉。

C.赶快起来安慰孩子，如果孩子一直不愿意回房间就陪着他，虽然自己觉得想睡也会陪他。

D.设法让孩子逐渐安静下来，问他以前是否有做过快乐的梦，告诉他等一下回去后可以梦到之前做过的快乐的梦，让他能够安静地再度入睡。

8.如果孩子哭哭啼啼地回家告诉你，老师打他，这时你会：

A.反问他是不是自己捣蛋做错事才被打，叫他不要老是装可怜、找借口，做错事就要有担当。

B.告诉孩子这没什么大不了，让他哭一下就会好了。

C.听完孩子的叙述后，愤愤不平找老师理论，怎么可以这样伤害孩子。

D.要孩子说给你听究竟发生了什么事，然后打电话问老师当时的情况，综合判断后再给予孩子情绪的安抚及以后处理事情的引导。

9.孩子摔破碗，这时你会：

A.忍不住说孩子："你就是这么不小心，连个碗都拿不好。"

B.多说无益，赶快把地上碎片清一清就好了。

C.吓一大跳，赶快问他是否受伤，安慰他受到惊吓的心灵。

D.语气坚定但不失平和地告诉孩子，下次要小心，不然家里漂亮的碗盘就会越来越少。在确定他能够认可你的话、记取教训之后，请他把地上的碎片清干净。

10.你觉得教养孩子的主要目标是：

A.让他听父母的话。

B.长得大就好。

C.让孩子快乐幸福地成长。

D.教导孩子成为一个正当、有社会能力的人，能够去过自己的人生。

分数统计

请爸爸妈妈统计你的答案，A、B、C、D各有几个，并填入以下表格：

分数最高者，是你的主要教养风格：＿＿＿＿＿＿＿＿＿＿

分数次高者，是你的次要教养风格：＿＿＿＿＿＿＿＿＿＿

权威型教养 低支持／高要求 A得分＿＿＿＿＿	**威信型教养** 高支持／高要求 D得分＿＿＿＿＿
疏离型教养 低支持／低要求 B得分＿＿＿＿＿	**放任型教养** 高支持／低要求 C得分＿＿＿＿＿

＊ 一般你会采取主要教养风格，行不通时，则会退而求其次，采取次要教养风格。

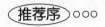

多变人生中的教养之道

秦梦群（政大教育系特聘教授）

近年来，台湾世代之间的争斗日益激烈。已入社会多年的人批评年轻人缺乏竞争力，年轻人则以受到社会剥削予以还击。然而，无可讳言，台湾在当年四小龙时代的辉煌已然过去。面对全球化与资本化的冲击，青年一代所面对的局势极其险恶。如果不思振作，将来在各国精锐尽出的人力竞争中，可能毫无还击之力。换言之，正面的态度将成为制胜关键。

扪心自问，台湾年轻人享有的教育环境与资源乃在一定水平之上。所不足的，却是生活中积极态度的养成。**在教育过程中，单纯教导孩子读好书与考高分，常使其忽略如何迎接多变的人生。学生的性格与思想养成，往往是其成功特质的关键。**很不幸的，此部分在升学主义的浪潮中，却往往被淹没。分数决定了一切，即使是在负面的情绪中。

基于此，本书作者结合其成长经验与教育理念，并融合实务见解，最后完成一本为家长提供真诚建议的作品。特别的是，作者搭配特有的诙谐笑语，将枯燥无味的教育叮咛，转化为趣味横生的文笔。其对于台湾教育的期盼，在文字中深深流泻。作者希望告诉我们，即使环境再艰险，准备好的孩子依旧能轻骑过关。然而，这需要父母百分之百的配合。

书中提及，十岁前就能定终生。从发展心理学的角度来看，此说法的周延性见仁见智。**然而，十岁之前，父母往往是孩子接触最为亲密之人，其教养态度对于子女日后人格养成至关重大。**作者在书中指出，孩子的成功并不只有书本上的知识，而应身教重于管教，培养孩子的生命力，使其积极向上与乐观处世。

世上最伟大的教育家也无法改变孩子的智商，但能陶冶、培养孩子的情绪智商，使其纵然在多变人生中，手上所持尽是烂牌，依然能够坦然承受而倾力打出最佳组合。生命变幻无常，如何在低潮中独立思考再创佳绩，并非是读几本书就能达成，而是需要亲子之间的经年沟通，过程漫长且充满细琐的互相磨合。但为培养子女自主学习的能力，一切努力皆是值得的。

在大学教书，看到学生为了细枝末节之事而困扰不已。细问之下，这种现象的产生往往由于与父母的沟通管道并不畅通。我相信双方皆为此而有所焦虑，却无计可施。本书希望父母在孩子十岁前，必须拼尽全力建立沟通模式与管道，真是有其实务上的深远道理。孩子的人生，我们不能全程陪伴，但至少必须尽力在其前期全力教养。如此即使日后风雨不断，大家也能安心走下去。

教育是追求正向改变的历程

刘钦旭（教师工会总联合会理事长）

我一向尊重主张教育无用论的人，因为这常常是为了刻意强调"顺性"与"自然"，要的是孩子心中的善与真。可我更佩服坚信教育可以翻转人生的人，这不完全因为我是个教育工作者，而是我极为推崇"追求改变"的人。**改变必须面对习惯和既得利益者，一开始就需要完整的想法和坚定的勇气，而教育正是追求正向改变的历程。**这本书就是后者。三位作者彼此通过亲子教育互相成就。身为父母，再也没有比看到孩子快乐又有成就更欣慰的事，孩子有个富有耐心又懂教育的父母，则是最大的人生祝福。

因为职务之便，我收到出版社邀请推荐新书的机会不少，通常我的做法是第一时间就寄送给教师组织内特定的群组先看过，而我也会先看看。这次邀我推荐这本书，事实上我差点就直接婉拒！因为，对我来说这样的书名给父母太大的压力，违反我相信人只要自己愿意就可以改变的信念，于是我放了一阵子。直到办公室同事告诉我，这是一本好书，我再细看内容，这才确认是我对书名的过度防卫，其实三位作者以"正向智商""右脑智商""逆境能力""独立思考""人际关系""表达能力""金钱观念"七个面向，介绍自己的教养和学习核心架构，非常能聚焦教养学习的关键，文字也很流畅，适合所有亲子阅读，甚至若是家里有共读经验，也非常适合以共读方式享受亲子对话。

　　我乐于推荐这本书，它适合亲友师生阅读和分享。

培养孩子一生幸福成功的本钱

周道男　李琼珠

每次路经补习班、才艺班，看到父母辛勤接送孩子，总是深受感动。年轻父母含辛茹苦、省吃俭用，为的就是替孩子的光明前途奠基。父母如此用心良苦，不禁令人觉得"天下父母心"实在太伟大了。

但是，父母如此辛勤付出，小孩子就一定会成材吗？我看过许多例子，即使孩子成绩通过不断努力往上提升，但是后来进入社会，却没办法好好适应。可以说是小时了了，大未必佳。有的小孩子，虽然成绩只有中上，但是进入社会后，却步步高升。这显示了，读书成果和社会成就未必是全然的正相关，其间有何奥秘？我深刻体会到，一般父母可能被"读书=成功"的观念所误导了。如古谚所云：万般皆下品，唯有读书高。其实不然。那孩子的成功方程式，究竟长什么样子？

在回答这个问题之前，且容我介绍我三个孩子。年轻的时候，我们夫妻同心协力，教养我三个宝贝女儿。转瞬间，她们不只顺利长大成人，顺利从台大毕业，也各自有了属于自己的一片天空。

老大于台大会计研究所毕业后，先后任职于资诚会计事务所、中国信托、育达技术学院，还考取了会计师、内部稽核师、证券分析人员等资格，后来又在短短三年里就快速取得中央大学企管博士。

老二以第一名之殊荣毕业于台大财务金融学系，亦以第一名直升台大财研所。她不仅会读书，工作能力也让她历任老板赞不绝口。她在台湾惠普工作时，年年获得惠普亚太区杰出表现的奖项。后来随夫婿赴美，在没有留学经验的背景之下，却以其优秀能力和敬业态度，进入北美台积电担任财务主管，实属不易。目前于美国创业投资公司 Venture Tech Allaince 担任财务长兼合伙人。

老三则是资优生，高二跳级即以第一志愿考取台大财金系，亦以系上前三名毕业。后来赴美到加州大学柏克莱分校攻读MBA（企管硕士），毕业后加入美国硅谷的科技新创公司，公司不仅被高价收购，后来还在美国纳斯达克上市。后来回亚洲，协助创办世芯电子，公司已在兴柜挂牌，正申请上市。老三目前通过企管顾问服务与经理人分享其高级管理经验，同时协助年轻创业家创办科技公司。

通过我们教养三个孩子的经验发现，其实书读得好，只是孩子人生的一个起点而已。

毕业后，孩子踏入社会还是得从头开始。**书读得好，或许提供孩子一个比较好的起跑点，但要往前继续冲刺，孩子必须具备其他重要的能力，**

才有机会创造宽广光明的未来。这一向是我们的理念。也因此，在孩子小的时候，我们除了鼓励孩子读书，给予他们文化营养之外，我们也十分重视人格教育、为人处世的态度，以及正确的价值观。因而我们的孩子在脱离学校生活后，也能很快适应社会生活的复杂与多变，进而缔造佳绩。

父母花很多时间教养小孩，衷心期盼孩子成龙成凤。但是，力气要花在刀口上，才不至于成效不彰。借由此书之出版，我们很乐意和年轻父母分享我们的经验，希望能够协助年轻父母悉心培养孩子的成功能力和特质，给予孩子一生幸福成功的本钱，确保他们终生幸福无虞。最后，诚挚欢迎您借用我们的教养经验，来成就您的孩子。

蓦然回首，那人却在，灯火阑珊处

周佳敏

前阵子和大姐聊天，我们回首过往人生，一致同意，走到现在，人生最容易的事就是读书了。读书是一件你花力气，就会有所收获的事情。在真实人生中，有太多事情，花了比读书还多的力气，却不一定有所回报。这就是社会的写实状况。

要在多变复杂的社会中求生存、求成功，和在校园中读书相较，需要更多的技能和特质。首先，不是有毅力就会有正向反馈。你必须要能够审时度势，而非蛮干，才不会让一番努力付诸东流。其次，读书可以说是一个人的事，但是，在工作上你要和老板、同事、下属、客户、厂商、合作伙伴、投资人等相互合作，并非所有的事都操之于你。其实，大部分的事可能都不是操之于你，要如何和大家取得共识，向共同的目标前进？这就牵涉到人际关系的技巧，还与自己平常的为人处世有关。最后，就是因为

13

工作远比读书有更多不确定性，努力不见得就会有收获，这时逆境智商就很重要。同时，要抱持乐观积极的态度，又不能因为乐观而陷入盲目的陷阱。真的有很多要注意的地方。

就是因为进入社会后所需的技能，远远超过读书所需，所以当我父母说要写一本书，和年轻父母们分享他们的教养经验时，我非常赞成。在职场上，我看过，名列前茅的学生不愿意从基层做起，让我目瞪口呆。我深受柏克莱教育及硅谷文化的熏陶，热爱创业。每次创业，很多杂事都必须自己来，可以说是"吾少也贱，故多能鄙事"。所以看到有些刚毕业的学生，不愿意从工作细节中开始磨炼，我不由为之担忧，这样会有什么前途呢？首先，这样的工作态度就阻碍职场发展，更不用提工作所需的其他能力了。

我发现，在现行教育过程中，或许教了孩子许多读书考试的技巧，但是，职场的能力、态度培养，或许稍嫌不足。而这部分，在现行架构下，就只能靠父母自力救济，趁孩子还小时，努力培养其成功特质，才不会教出很会读书、但是在工作上令老板头痛的孩子。这也才能保障孩子进入社会后，能够好好迈向成功之路。

王国维在《人间词话》中提到，"古今之成大事业、大学问者，必经过三种之境界：'昨夜西风凋碧树。独上高楼，望尽天涯路。'此第一境也。'衣带渐宽终不悔，为伊消得人憔悴'此第二境也。'众里寻他千百度，蓦然回首，那人却在，灯火阑珊处。'此第三境也。"第一境界，就是立定目标；第二境界，就是努力不懈；第三境界，就是在努力过后，成

14

功突然翩然而至。古往今来，没有任何一个成就大事业者，是轻易取得其成功的。一代女皇武则天，年少时忍受了多少宫廷斗争，还削发为尼，最后才登上九五之尊。翻开《乔布斯传》，苹果有今天的成就，也是经过许多艰辛才得来的。仔细研读王永庆事业过程的书，您也会发现，中间大风大浪，亦不是常人所能够一肩扛起。

要让孩子在这波涛汹涌的社会中求生存，缔造成就，读书真的只是一个起点而已。还有许多成功特质需要培养，才有机会达致"众里寻他千百度，蓦然回首，那人却在，灯火阑珊处"的成功境界。通过我父母的口述和我的记载和整理，我们衷心期望，您的孩子能够借由我父母的教养经验，终至成功境地！加油！

目录

目录 contents

目 录 contents

Chapter 8 人际关系

教育孩子"打开手心"，跟大家分享他拥有的一切

Chapter 9 表达能力

良好沟通能力，让孩子在人生舞台上发光

Chapter 1

成绩=成功？

会读书，更要培养成功特质

好成绩的孩子一定会成功吗

有些家长口口声声说成绩不重要，却以补习班及才艺班填满孩子的行程表。这样孩子长大后进入社会，一定会成功吗？爱孩子，要先知道如何帮助他们成功，而不是因为害怕输了竞争而不断要求。

你希望孩子成功吗？相信所有父母的回答一定是："这还用说吗？"

那么，要如何帮助孩子赢得成功的未来？有些父母会回答："读书啊！我给孩子补英文、上才艺班，严格督促他的成绩表现。"

那么，我接下来的问题是，好成绩等于成功的保证吗？"成绩＝成功"这个等式永远成立吗？

王永庆只有小学毕业，郭台铭是海专毕业，公益平台文化基金会董事长严长寿也是高中毕业，爱因斯坦小学时曾因成绩不好而被老师要求退学……诸如此类的例子不胜枚举。原来，成绩不好或学历不高的孩子也可能成功。

那么，成绩好的孩子是不是一定会成功？我看过拿到博士学位的高材生，因为思考僵化、脾气固执，令老板及同事头痛不已，无法在职场上春风得意。我也听过知名大学热门科系硕士毕业生，对老板交办的事项无法准时交卷，跟同事共事也有不少问题，最后黯然离去；也有人学历佳、能力好，却因为品行不好，丧失商誉，被列为拒绝往来户，导致生意失败……原来，成绩好或学历高的孩子不见得会成功。

有些家长不由得困惑地问："可是，不教孩子念书，我还能教他什么，好让他长大后出人头地?" 的确，成绩数字是最明确的指标，就读学校及学历高低也是父母苦心栽培成果最直接的证明，不看这些白纸黑字的量化指标，怎么会知道孩子未来的成就高低?

我听过这么一个故事：很久以前的某个夜晚，王老爹在街灯下一直在找东西，大家热心地靠过来，问他在找什么。王老爹说他掉了一把钥匙。"在哪里掉的?"人群中有人这么问，王老爹说："在家里掉的，可是现在家里很暗，所以我来街灯下面找，比较亮。"

王老爹在街灯下找寻在屋内遗失的钥匙，只是因为街灯比较亮，看得清楚。但王老爹可以在街灯下找到遗失的钥匙吗? 相信你会毫不犹疑地说："不可能。"

反躬自省，我们是否也在成绩数字这么明确的指标中，自以为可以找到孩子的成功方程式? 是否也认为"成绩＝成功"呢?

孩子的成功特质多寡，决定成就的高度

有些家长还是会担心孩子的课业，坚信会读书便等于成功的传统价值。

不然为什么我们老祖先说，万般皆下品，唯有读书高？还说，书中自有黄金屋，书中自有颜如玉。然而，孩子的成功方程式果真只有读书这一条吗？

西汉著名才子贾谊自幼精通诗书，二十一岁就当了汉文帝的博士，深受器重，写过才华洋溢的《过秦论》《吊屈原赋》《治安策》，等等，锋芒毕露，书中的确有黄金屋。

但这只是瞬间的荣华富贵，后来因为贾谊提出众多改革政策时并未考虑现实面，导致人际关系不好，失去皇帝信任，最后以三十三岁壮龄抑郁而终。

可见除了读书之外，人际关系也是相当重要的一环，是成功必备的条件之一。因此，成绩并非成功的"必要条件"，由此我们可得孩子成功方程式定律一：

成绩 ≠ 成功

"每个人都有一些成功的特质，但真正成功的人一定拥有更多成功特质。"这是我在网络上看到的一句话。

好像有道理。台湾经营之神王永庆生前每天跑五千米的毅力，的确不是一般人可以做到的。严长寿也在《总裁狮子心》（平安文化）里提到积极主动的向上精神，比别人早到公司是为了从容掌控一天的行程，而非被堆积如山的事情拖着走；勇于摆脱自怨自艾的心态，努力学习英文、了解国际时事，是为了在国际场合上谈笑风生，赢得外国人的尊敬。他们的确展现了不凡的成功特质。

如果把成功特质放入成功方程式 $f(x)$ 的框框里，孩子自然会成功。那么，如果把孩子未来的成功写成第七页的方程式，有哪些变量会影响到孩子的成功呢？换句话说，父母该培养孩子什么样的成功特质，才能引领他们迈向成功的未来？

美国成功学大师拿破仑·希尔（Napoleon Hill）、美国房地产大亨唐纳·川普（Donald John Trump）、创新工场董事长李开复，分别在《成功法则》《川普致富术》（时报出版）、《做最好的自己》（联经出版）中为我们提供了成功特质的范例，我试着整理如下（参见下页）。

拿破仑·希尔受当时美国首富、钢铁大王安德鲁·卡耐基（Andrew Carnegie）的鼓励，用二十年访问全美最富有、最具名望的五百位人士，归纳他们成功的规律，写就《成功法则》启发后世。美国房地产大亨唐纳·川普在《川普致富术》中也提到他找寻学徒所必须具备的成功特质。李开复也在《做最好的自己》里鼓吹"人人都可以成功，我可以选择我的成功"，并详尽解释成功特质及行为模式。

这些成功人士的经验归纳起来蛮有道理的，如果有人具备表格里的全部特质，却无法成功，还真是稀少。

换句话说，如果你能在孩子年幼时培养出这些成功特质，就不用担心孩子的未来了，孩子迟早会崭露头角，出人头地。

成功特质与行为模式

拿破仑·希尔 《成功法则》	川普 《川普致富术》	李开复 《做最好的自己》
1. 设定明确目标	1. 杰出的人品	1. 价值观：成功源于诚信
2. 组织智囊团	2. 头脑（知识与睿智）	2. 积极主动：成功的选择在于自己
3. 培养具吸引力的个性	3. 创造力	3. 同理心：人际交往的基础
4. 展现应有的信心	4. 忠诚与信任	4. 自信：用信心放飞自我
5. 多付出一点点		5. 自省：在反思中走向成功
6. 创造个人进取心		6. 勇气：勇往直前的精神
7. 培养积极心态		7. 胸怀：海纳百川的境界
8. 控制你的热忱		8. 追寻理想：指引成功的罗盘
9. 强化自律		9. 发现兴趣：用激情拥抱成功
10. 正确思考		10. 有效执行：迈向成功的阶梯
11. 控制注意力		11. 努力学习：终身受益的过程
12. 激发团队合作精神		12. 人际交流：现代人的必修课
13. 从逆境和挫败中学习经验		13. 合作沟通：信息时代的成功之道
14. 培养创造力		14. 完整与均衡：用智慧选择成功
15. 保持健康		
16. 预算时间和金钱		
17. 养成良好的习惯		

累积七大特质，打造孩子成功方程式

然而，这三位成功人士的成功法则及成功特质，都没有提到读书或成绩这码事！可见，如果你的孩子具备成功特质，成绩应该会有一定的水平。因为孩子如果有进取心，又能自律，就算对某一门学科不是特别在行，还是会全力以赴。即使成绩没有名列前茅，应该也不至于太差。

其实这样就够了。等孩子进入社会，没有人会过问他的在校的成绩，老板看的是做事的态度、做事的能力及团队合作的精神。孩子在人生的旅程中遇到挫折，迟早也得靠自己爬起来。**孩子逐渐成长，父母对于孩子所处的环境会逐渐失去掌握，唯有靠培养孩子的成功特质，他的人生才有真正的保障。**

就像我们熟知的"钓鱼理论"：与其钓鱼给孩子吃，不如教他们如何钓鱼。成功特质说穿了，就是教孩子如何钓鱼。一直督促孩子读书拿好成绩，只是给他们学历这条鱼吃。

要能够钓出成功之鱼，绝对要靠高明的钓鱼技巧，也就是一套圆融的成功之道，才可能有源源不绝的成功之鱼可钓、可吃。

于是，为了帮助天下父母，我结合教育心理学、成功学以及我自身经历，归纳孩子"成功方程式定律二"如下：

成功 = f（正向智商，右脑智商，逆境智商，独立思考，人际关系，表达能力，金钱观念）

只要教养得法，普通人也可以不同凡响

孩子原本就具有往正向发展的内在驱力，大人要做的是引导孩子这股内在生命力往更好的方向发展，并教导他们适应群体社会生活须具备的能力。与其忧心忡忡花大把银子填满孩子的时间，不如把教养的力气花在对的地方。

每次我跟别人谈我的三个孩子，大家总是说："周老师，你有三个这么成功的孩子，这辈子就值得啦！"

过去也有人问我妻子："你这辈子最高兴、最得意的事是什么？"她总是心满意足地说："当然是我的三个宝贝孩子！"

我们夫妻俩很幸运，很少打骂孩子，孩子却自己一路读到台大。老大是台大会计研究所毕业，老二从高雄女中及台大财金系第一名毕业，还直升台大财金研究所。老三高二跳级以第一志愿考取台大财金系，我跟她说，家里不是很富裕，跟姐姐一样在国内念研究所就好了。她嘟着嘴不以为然，大学毕业后并没有考国内研究所，而是去工作两年，用之前奖学金及家教存下的钱做股票投资，赚足学费及生活费，就出国去美国伯克利读

MBA（企管硕士）了，所以我们夫妻俩从来没有为孩子的学业操心过。

在工作方面，我们也不曾为孩子烦恼。老二认真负责，勇于任事，研究所毕业后进入知名美商惠普，年年获得优秀员工称号，还到国外领奖。后来她看妹妹在美国硅谷工作愉快，也跟着夫婿一起去美国，在没有绿卡及美国学历的不利条件下，还被台积电北美分公司录取，一路做到财务主管。现在则在美国一家创业投资公司Venture Tech Alliance担任财务长兼合伙人，可以说是一帆风顺。老三把姐姐接到美国一年后，逆向操作，和美国及日本同事回到亚洲开设世芯电子，担任该公司全球营销暨业务发展的部门最高主管，世芯目前已在台湾兴柜挂牌。老三后来又另起炉灶，提供管理顾问服务，投资科技新创公司并参与经营，同时在台大心理学研究所进修博士学位。老大生性平和，喜欢教育工作，台大会研所毕业后，历经资诚会计事务所及中国信托风险管理部的实务训练，并考取了会计师、内部稽核师及证券分析人员资格，转而从事育达技术学院讲师教职。她却不以此自满，百尺竿头更进一步，继续进修，取得中央大学企管研究所博士学位。

怪不得我妻子一生最得意的事是教养了这三个孩子，而从来不会说她最高兴的事是嫁给我。孩子们锋芒毕露，老爸就相对黯淡无光了。

然而，我们真的只是幸运而已吗？为什么我们的孩子总是自动自发读书，工作也不须我们操心？这真的只是运气好？

引导孩子的内在生命力

其实，只要父母能够培养孩子的成功特质，便可一劳永逸。

几十年前的台湾并没有人研究成功学，我只是很认真地把我认同的价值观、做人的基本道理，以容易接受的方式灌输到孩子身上。我并不期待她们念书非得念得很棒，也没有期待她们在职场上一直往上爬，毕竟我也不是应届考上师大卫生教育系（第一年落榜，第二年才考上），我妻子也只是妇婴护专（现为辅英科技大学）毕业。可是我们把一些成功特质烙印到孩子幼小的心灵，她们就从一个原本被百般呵护的小树苗，一下子长成远比我期待中还高大的大树，让我们在树下快乐地乘凉、享福。

孩子原本就具有往正向发展的内在驱力，大人要做的是引导孩子这股内在生命力往更好的方向发展，并教导他们适应群体社会生活须具备的能力，像是品格养成、人际关系、表达能力、挫折耐受能力、独立思考能力、创造力、正确的金钱观等。

不幸的是，许多父母及老师并未尊重孩子的内在生命力，反而将自己的好恶强加在孩子身上；也有些父母过于尊重孩子而未教导他们适应社会的能力，导致孩子一生过于自我而无法幸福。这就是为什么有人说，"人类起于蝴蝶却终于蚕茧。"只要你不吐丝束缚孩子，而是协助他们展开美丽的双翅，飞向希望的未来，他们就可以闯出自己的一片天。

我们夫妻俩的确非常幸运，因为我们并不知道这些教导可以让孩子比我们更杰出，也不知道回收的果实远比想象中的甜美。我们尝到如此甜美的果实，便想和天下父母分享这些经验与看法，毕竟我们也曾年轻过，也曾含辛茹苦去孕育、灌溉我们的孩子。每次我看到父母用心良苦却没办法帮到孩子，心里就很难过。

教养的力气要用在刀刃上

与其忧心忡忡花大把银子填满孩子的时间，不如把教养的力气花在对的地方。二〇〇七年三月份《天下杂志》提到，"直升机父母"（helicopter parents）是前所未有的一批父母，"过度介入"甚至"过度焦虑"。他们像极了直升机，二十四小时盘旋在孩子上空，守望孩子的一举一动。

其实，父母不需要这么焦躁，孩子只要有正常人的智商，再加上成功特质，在社会上绝对可以占有一席之地，也绝不会让你过于操心。**学历和专长是提供孩子一个起跑点，再者就是靠孩子是否具备成功特质，来决定能否在职场更上一层楼。**焦躁只会降低孩子的成功率，因为研究发现，过度焦虑的直升机父母容易养出焦躁的小孩，而焦躁可不是一项成功特质。

我问过在企业界工作的老二和老三，她们晋升员工的基准是什么，两人的答案不谋而合。在职场上，随着就业时间增长，学历的重要性逐渐降低，主管提拔员工，除了缘分之外，看的是实务经验、工作能力、积极进取的态度及团队合作的精神。难怪成功学大师拿破仑·希尔及李开复说到成功条件或特质时，都没特别提到成绩或读书。其实从另一个角度来看，如果你的孩子具备成功特质，成绩应该会有一定的水平。如前所述，有进取心、又能自律的孩子，就算是对某一学科不是特别在行，还是会尽力。

我常说，孩子就像是汽车，如果我们不帮车子加油，就算是性能绝佳的BMW，任凭我们如何用力推车，也只能前进一点点；但如果我们能帮车子加油，就算是普通的汽车还是可以飞奔向前。与其帮孩子推车，不如帮他加油，让他可以自动自发地前进。

那什么是汽油呢？当然就是这些成功特质。当我们把表列（参见第六页）的特质放进孩子成功方程式的 $f(x)$ 中，就像是把汽油加入油箱，你绝对可以看到孩子成功的未来。

就像犹太人的信念："就算是普通的孩子，只要教育得法，也可以成为不平凡的人。"与其兢兢业业地督促孩子念书、上才艺班，不如专心培养孩子的成功特质，让他成为不平凡的人。

你希望孩子成功吗？让这本书带领你建构起孩子成功的方程式！

在复杂多变的环境中，教育孩子具备多面向的成熟度

前些日子，我和一个正在创业的年轻人聊天，谈到了人生顺境和逆境。我们一致同意，这辈子最顺的时候，是读书的那段日子。基本上，用功读就有收获。进入社会，事情复杂多了。创业让一切事情变得更复杂。投入不一定会有产出，这就是人生（C'est La Vie）。

面对如此复杂多变的人生，光会读书是无法存活的。这就是为什么"成功方程式定律一"提到，成绩不等于成功。那要如何在这复杂多变的环境中成功存活？就需要多面向的成熟度。这也是为什么我们在"成功方程式定律二"提到七大成功特质，每一个特质皆可协助我们去创造繁荣或应对挫折，增加我们在混沌中成功的概率。

举例来说，缔造成功需要正向的力量，也需要创造力，才能够无中生有，产生创新和革命。但是，在创造的过程中，挫折难免，甚至是接二连三的。缺乏逆境智商，很容易就溃不成军。可是，就算有正向智商及创造力，又有逆境智商，还是不足够的。因为有时候我们需要退后一步，看清楚整个大局，才知道自己是否正在盲目奔向死胡同。这时，独立思考能力

的重要性就出来了。

还有，没有任何一个人可以单独成功，因为我们活在群体社会中。所以人际关系和表达能力都很重要。最后，我们必须确保自己有最后的退路，"天有不测风云，人有旦夕祸福"，这时候就彰显出理财智商的重要性了。

因此，父母不应只重视孩子的成绩，更应该协助孩子发展这七大成功特质（正向智商、右脑智商、独立思考、逆境智商、人际关系、表达能力、金钱观念），才能帮助孩子长久在社会上立足，进而获得成功。我很幸运，我的父母在这七大特质方面，不仅以身作则，也很尽心地教导我们。没有当年他们如此悉心地教养我们这七大成功特质，我们一定没有今天的成就。我由衷地感谢我的父母，也祝福您，借由此书，能让您的孩子在数十年后，也同样深深感谢您。

Chapter 2

成功方程式

身教与管教并行，全面提升教养力

启动孩子成功方程式的三大秘密

要有效执行孩子的成功方程式，家长必须从孩子幼时就开始施行"身教"，并依孩子生命成熟度施行有效"管教"，才能将成功特质在孩子的心灵上刻下烙印。孩子借由"内化"这些特质，进而找到奋发向上的力量。

从上一章我们得知，好成绩不能保障未来的成功。唯有悉心培养孩子的成功特质，才能确保孩子的未来。

可是有些家长无奈地说："我很认真培养孩子的成功特质，我告诉他读书要上进，也告诉他不要和别人打架，要好好跟其他小朋友相处，可是孩子总是不听话。"

为什么我们想要灌注到孩子身上的特质，他们没办法吸收？为什么方程式的枢纽f（ ）没办法运作？到底是哪里出了错？

这样的孩子，怎么教

以下三个案例，你或许觉得似曾相识：

◆ **案例一：爱看电视的小明**

小明的妈妈向儿童心理咨询师抱怨："小明总是不听话，爱看电视。我好言相劝，他依然故我。我用买玩具的方式利诱他，他维持不到一个礼拜就又像以前一样了。后来我受不了痛打他一顿，他就背着我偷偷看。我真的拿他没办法。为什么小明这么喜欢看电视？难道真的没有办法改变他吗？"

◆ **案例二：自我中心的小英**

小英的爸爸十分不解地向儿童心理咨询师说："我跟我老婆都是研究所毕业，也算得上是精英分子，我们一向待人谦和，为什么我的孩子完全不管其他人的想法，想什么就要什么，完全没有商量余地？这样的小孩要怎么教？"

◆ **案例三：听话的芊芊VS不听话的婷婷**

芊芊的房间常常很乱，妈妈看到了问芊芊："芊芊总是喜欢到妈妈的房间玩，会不会觉得妈妈的房间很干净、很舒服？"

芊芊大声地说："是！"妈妈接着说："那妈妈教你怎么整理房间，芊芊的房间就可以保持干净了，好吗？"芊芊很高兴地说"好"。

可是婷婷妈妈的运气就没这么好，她要婷婷把房间整理好，婷婷却冷冷地回答："这不会乱啊！哪里乱？我是乱中有序。"

这三个案例提供一个起点，让我们去探索如何"启动"孩子的成功方程式，一步步协助他们迈向成功的未来。

成功秘密一：想改变孩子，得先改变自己

让我们先从爱看电视的小明这个案例谈起。为什么小明这么爱看电视呢？经过心理咨询师详细了解后，发现与小明同住的奶奶很喜欢看电视，小明幼时，奶奶就一直让小明看电视；小明的爸妈每天工作回家后疲惫不堪，也常借由看电视消除疲劳。他们看电视时，就要求小学三年级的小明在房间里做功课。小明受不了电视的诱惑，根本无法专心做功课，一直想离开房间和大人一起看电视。

著名的亲子教育专家郑石岩教授在书中提过，许多生活适应有问题的孩子，总可以追溯到身教残留的不利因素。

家长以言教教导孩子，却不知道孩子幼小的心智所蕴含的力量十分真诚，当年幼的孩子像海绵般吸收环境的典范时，不是依据大人所说的话，而是跟着大人的所作所为去做。

大人试图用说教、用骂的方式去改造孩子，孩子的心智虽然幼小，却没办法受欺骗，他看到的是你的行为，感受到的是你心灵的模式，他不管你说些什么，他的心智径自朝你为他树立的典范走。这就是为什么小明无法克制看电视的欲望。

身教的证明不胜枚举。国外心理学研究发现（Eron, 1987），以严厉手段惩罚孩子，孩子长大后的暴力倾向较其他孩子严重。这说明了以暴制暴，结果还是不好的。因为孩子在被惩罚的过程中，遭到暴力相向，感受到严苛心灵的氛围，以后待人处世，也会不自觉地以同样严苛的心态面

对，造成严重的暴力倾向。因为那是大人对待他的方式，也是他习得解决问题的应对模式。

现在许多家长对孩子都和蔼可亲，不过于严苛。但是按身教理论推论，如果想知道你的孩子长大后有多成功，可以参照一下自己目前的成功度；你若想知道孩子未来具有多少成功特质，只要看看自己具备多少成功特质就知道了。所谓"龙生龙，凤生凤，老鼠的孩子会打洞"，讲的不只是先天遗传，更重要的是后天身教的影响。

像小明这个案例，在他做功课时，父母就该关掉电视，陪在小明身边看书；假日也可以带小明到书店买些他有兴趣的书，全家一起讨论。这样小明可以逐渐培养对书本的兴趣，慢慢地不依赖电视。如果父母坚持看电视是自己的权利，那么小明长大后，下班时间八九不离十是在看电视，而不是用心教导孩子，也不是努力上进。这样对他好吗？

我就是这么做的。孩子就读小学时，我不以师大卫生教育系毕业为满足，还利用暑假进修心理辅导咨询的课程。与此同时，我购买了有关成语故事的书籍，要孩子趁暑假有空时，一天手抄一篇三到五百字的成语故事。当时她们年纪虽小，也能感受到爸爸努力上进的心，每天在家里乖乖地抄写故事，奠定了良好的文学基础，今天我和孩子才有这个机会一起出书，和大家分享我们的经验。

我的三个孩子人际关系不错，和我的身教也有密切关系。我在任职的中学极力推行"仁爱工作"，带领其他中学老师及有心的学生走入贫困社区，帮助穷人家的孩子升学，给老人希望，给身障朋友温暖。所以我的孩子自幼就懂得对身边的朋友付出，功课不好的同学向她们请教时，她们都会耐心跟对方解释。这样的孩子怎么可能人缘会不好呢？

踏入社会，人际关系跟职场成功有密切关联，所以，为了孩子好，改变自己吧！让孩子有个学习与模仿的典范，这也是解救小明沉迷电视的唯一答案。

成功秘密二：有"身教"无"管教"，孩子还是不会学好

案例二，小英的爸妈都是彬彬有礼的高级知识分子，照孩子成功方程式秘密一的道理，父母给予的身教应该会感化小英，让小英也变成懂得为他人着想的小孩。事实是，小英十分自我中心，为什么她这么不顾其他人的想法呢？

其实小孩子刚生下来时都是非常自我中心的。婴儿肚子饿了就哭，也不会管现在是半夜三点钟，大人都在睡觉；一岁的小孩想玩玩具，就直接抢过来，也不管这个玩具是不是别人的。**换句话说，小孩子一出生就是被当下的欲望牵引着，奉行着"唯乐原则"：不管外在环境如何，都会努力去获得快乐、逃避痛苦，弗洛伊德称之为"本我"。**

一个一两岁的孩子充满着本我，受到当下基本生物冲动驱使，大家都可以理解。可是一个十岁大的孩子或者二十岁的青年，还受本我驱使，不管现实环境限制，也无视是非对错的准则，我们会摇头说，这个孩子十分自我中心，被宠坏了。小英就是这样的例子。

　　小英的父母都是十分有教养的高级知识分子，可是他们误解爱的教育的本质，处处顺着小英，以她的需求为不可忤逆的圣旨，因此在小英的成长过程中，本我得到充分满足，因而没有太多机会去发展人格另外两项重要部分："自我"及"超我"。

　　什么是"自我"？当孩子因抢别人玩具而遭到阻止，他的"自我"便逐步发展出来了。他开始学习到，虽然我想要，但是现在不能要。这就是自我所服膺的"现实原则"：冲动必须延迟至适当的情境才能获得满足。一个十岁的孩子如果连这一点都做不到，前途堪忧。虽然小英的父母很爱她，可是小英这个样子以后有老板敢用她吗？即使父母为人和善，但未能及时纠正孩子犯下的错误，一味纵容反而阻碍了孩子"自我"的发展，而任其"本我"肆虐，正如古谚所云："爱之适足以害之。"

　　什么又是"超我"？**超我是在回应父母赏罚中发展出来的。一开始父母借由赏罚控制孩子的行为，之后孩子再把父母的标准纳入自己的超我，并借由因此而形成的道德理念去控制自己的行为。**"超我"对孩子的未来重要吗？答案绝对是肯定的。如果你有一个同事判断行为对错的标准与众不同，譬如他认为说话不算话不是什么严重的事情，经常出尔反尔，你敢信任他吗？不被信任的人，能够一直在职场上成功吗？答案是昭然若揭的。

　　因此，如果父母未能给予孩子适当的管教，孩子会一直顺着"本我"恃宠而骄，而未能适时发展适应社会所需要的"自我"及"超我"。除了身教之外，适当的管教绝对是培养成功孩子不可或缺的一环，这也是小英的父母始料未及的一点。

我与妻子教育孩子虽然是采用民主开放式教育，但是对于不可妥协的事情，我们不会轻易让步。以用钱概念为例，老大、老二比较懂事，从小就不会乱花钱，而众人疼爱的老三总是会被一些新奇玩具所吸引，像是可以重复写毛笔字的宣纸版等。后来发现她似乎不能像两个姐姐般节约，便带她去邮局开个户头，每次考试名列前茅，我们就会给她一笔一两百块的小奖金，让她自己存入邮局，并鼓励她储蓄。每次发放利息时，她会很高兴户头的钱增加。借由这个方式，她逐渐能够控制"本我"当下想要购物的欲望，开始懂得延缓购物冲动带来的成就感，增强了"自我"的功能。

我们并不以此自满，还跟孩子说，虽然看着钱一直增加很有成就感，但是如果能捐出一部分帮助比我们更需要钱的人，这是更伟大的行径。可能受到我们的鼓励，加上孩子看我本身也非常投入慈善工作，于是她从小到大，只要行有余力，总是持续捐款给她支持的慈善机构。**借由储蓄所得到的成就感，她增强了服从"现实原则"的"自我"；借由激发她的恻隐之心，我们发展了她的"超我"。**

所以小英缺的是"自我"与"超我"的发展。小英的父母不该再一味顺着小英的"本我"要求，任其予取予求，而是应该引导小英去了解，有些冲动必须等到适当情境中才能得到满足，甚至必须在不同本我冲动中做抉择。然后更进一步，带领小英建立一套判断行为对错的准则，这样小英的未来才有希望。

成功秘密三：别错过黄金教养期，孩子年纪愈小愈受教

同样是妈妈要孩子把房间整理好，为什么芊芊这么听话，婷婷却把妈妈的话当耳边风呢？细心的读者或许已经发现，芊芊似乎年纪很小，而婷婷仿佛是青少年了。这样的观察是正确的，在这个案例里，芊芊只有五岁，而婷婷已经十五岁了。

孩子小的时候真的比较好教，到了十几岁就很难了。**孩子小的时候，自我意识还不是强，处处要依赖父母，可塑性非常强，趁此时灌输孩子一些观念及行为模式，往往能够收到最佳效果**。到了十几岁，孩子进入叛逆期，寻求自我独立，容易和父母唱反调，这时候才去矫正他们的行为，往往事倍功半、成效不彰。

俗语说："三岁看大，七岁看老。"讲的就是这个道理。小儿科医学会常务理事吕适存医师如此诠释这句古语："这就是提醒我们，从小开始就要注意到一个人人格及个性的培养。一个人的性格会影响到他一生读书做事的成败，而性格的形成是出生以后就开始受到环境的影响。多数人的性格，从小便已定型。有些父母以为等孩子长大一点，或者上学以后再教他，但到了那个时候再教，往往为时已晚，因为性格已经养成了，要改并不容易。"

吕医师也提到："或许大家都有这种经验：小学时功课就不错，有秩序、守规矩的小朋友，二十年后能顺利读大学的，还是这群人。长大成人开同学会的时候，也会发现每个同学都改不了他当初在学校的那个样子。也就是说，只要从小'定型'，一生是很难改的。当然有些人也会在成长

过程突然开窍，性格变得很好，但那绝对只是少数。"

婷婷的妈妈没有趁婷婷小的时候教她整理房间，那时候婷婷的妈妈认为孩子还小，总是帮她打扫房间。现在婷婷十五岁，妈妈觉得孩子已经这么大了，"应该"要学会自己维持房间整洁，但这时婷婷不见得会接受妈妈的管教。相反地，从芊芊五岁时，妈妈就开始教她房间要保持整洁，芊芊很相信妈妈，毫不保留地接受妈妈的教导，可以想见她长大后一定会是个懂得保持整洁的女孩。**所以教导孩子一定要及早，趁你对孩子还非常有影响力时，灌输他成功特质。不要老是想孩子还小，错过黄金教养期就后悔莫及了。**

我和妻子在孩子还未上学时，就开始教导她们正确的人生观与价值观，要她们做一个好人，鼓励她们奋发向上，不吝于帮助别人。我还记得那时候跟她们说过："身上的财富可能会被别人抢走，但脑中的知识是谁都抢不走的。只要有知识、技能，永远都有东山再起的机会。"懵懵懂懂的孩子听了这些话，单纯的心灵接收到这样的信息，内化的结果是他们变得非常自动自发、奋发向上。即使现在三个孩子都已经三四十岁了，她们在自己选择的人生路程上，依然保有我当年教导她们的精神，在自己专精的领域持续精进、奋斗不懈。

不要忽视你在孩子身上的影响力，孩子就像未经雕琢的璞玉，而你可以是那点石成金的魔术师，只要你能够带领他们到正确的方向，教导他们成功的特质，以后他们自然会循着自己的本质发光发亮。

做个高效能父母，教养孩子省力又有成效

父母是孩子的经理人，孩子的教养是永远做不完的。就像高效能的经理人懂得选择最重要的事来做，以提高整体组织产出，睿智的父母也懂得以最有效能的方式教养孩子，让他们成为明日之星，而不只是今日之星。

从现代商业管理学来看教养方法，可以获得不少启发。全球半导体龙头英特尔董事长安迪·葛洛夫说过："事情永远做不完。经理人就像是家庭主妇，永远有忙不完的事，永远有更多事要做，永远有更多事应该做，也永远超过你所能负荷。所以经理人必须有同时处理数件事情的能耐，还得知道何时该转移注意力，把精力摆在当时最能促进整体组织产出的活动上。换句话说，他必须了解哪些活动有最高的杠杆率。"

听起来也像是给父母的建议，对吧？父母是孩子的经理人，孩子的教养是永远做不完的。就像是高效能的经理人懂得选择最重要的事来做，以提高整体组织产出，**睿智的父母也懂得以最有效能的方式教养孩子，让他**

们成为明日之星，而不只是今日之星。

管理学上讲求效能（effectiveness）及效率（efficiency）。所谓效能，就是"做对的事"，换句话说，就是做有用的事；效率指的是"把事情以最快的速度做好"，不论对错。管理学要求两者必须兼具，策略面着重效能，执行面着重效率，公司营运才能步入正轨。

教养孩子也是一样，教养策略必须正确，这就是为何我们要提出孩子成功方程式，破除一般对读书的幻想。策略正确后，执行必须有效率，这也是为何我们要谈到孩子成功方程式的三个秘密，能够充分掌握这三个秘密，便可大幅提高教养孩子的效率。自己看电视要孩子不看电视，这是没有效率的执行方式；虽然自己待人和善，却太宠孩子，身教没有借由管教充分发挥，也是效率不高的执行方式。父母若能在孩子教养方面兼顾策略效能与执行效率，才能发挥葛洛夫所提倡的"管理最高杠杆率"。

别当没效率的直升机父母

必须注意的是，葛洛夫也提到"负杠杆率"的存在，他举了这样的例子："一般来说，上级干涉是指用了太多技术性的指令（不管他是否真懂）。负杠杆率来自当这样的情况过于频繁，下属可能开始变得像缩头乌龟一样畏首畏尾，渐渐失去了解决问题的直觉，转而求助上司。在这样的循环下，整个组织的产出必将减低，上级干涉理所当然地成为负杠杆率。"

这样的例子听起来很熟悉。**有人常说，太能干的父母容易造就个性过于软弱的孩子吗？说穿了，跟过于强势的经理人下面很难有大将之才是同样的道理。**

葛洛夫也提到一种"存货法"，他认为一个好的经理人必须要有一些"案子"的存货，一些不急着完成的案子。如果没有这样的存货，经理人可能一有空档，就想去干涉下属的工作。这听起来也很熟悉，有的父母简直把教养孩子当成一项大事业来做，出发点非常好，但如果干涉过多，孩子会失去自主性，反而是"拔苗助长"。所以"直升机父母"也要懂得培养一点自己的兴趣，不要把全副精神都放在孩子身上，不然孩子的压力绝对会过大。

孩子的成长跟人生一样，是很难经营的。说什么生涯规划，五年后要怎样，十年后要怎样，都是难以预测、掌握的，因为人生变量太多，你只能对未来抱持希望、许愿，之后还是得脚踏实地去做；教养孩子也是同样的道理，虽然你对孩子可能有些期望，可是也得尊重他内心的想法与兴趣。我曾听说有个母亲要女儿嫁给一个她不爱的医生，为的是希望能开一间家族医院，我听了真为这女儿难过。如果你真爱你的孩子，一定得尊重他内心的声音，不管未来的路怎么走，至少给予他一些基本能力，让他有办法在社会上好好生存奋斗，这才是懂得真爱的父母。不要老是从事负杠杆率的活动，从现在开始，多做一些高杠杆率教养吧！

别花精力在教养迷思上，才能提升教养力

葛洛夫还对经理人说道："千万记得，你的时间有限，在你接下一件任务时，你也拒绝了另一件事。"这话说得真有道理，如果父母过于着重孩子的在校成绩及才艺补习，相对便容易忽视孩子成功特质的培养，所以如何在这中间取得平衡，是睿智父母要时时反省自己的一点。

经济学上有"边际报酬递减法则"，举例说明如下：如果不断投入劳力到同一块田地上耕种，每多投入一个人的劳动力，农产品增加的数量会逐渐降低。

当父母过于追求完美，如果孩子已经成绩不错了，还要求孩子花无数时间去追求那最后五分或十分的进步，可能耗时耗力效果不好，印证了边际效益递减法则。如果父母能够退一步，明白应趁机培养孩子更全方位的能力，也是提高教养杠杆率的有效方式之一。

阿基米德说："给我一支杠杆，我可以撬动地球。"本书的目标就是告诉你高杠杆率的策略目标及执行方式，给有心的父母一支杠杆，撑起孩子未来的成功！

根据孩子的成熟度，改变你的管教风格

葛洛夫认为，随着部属工作成熟度的改变，管理风格也必须随之改变。也就是说，当部属成熟度低时，主管应该提供明确且详细的指示。随

着部属成熟度逐渐增加，最有效的管理方式也应由给予明确指令转变成沟通及鼓励。当部属成熟度越来越高，主管的干涉应该降至最低，主要管理目标应更改成确定部属的努力方向能否配合部门需求。

葛洛夫在管理上的精辟见解，其实也适用于父母对孩子的管教。我们可用以下表格表现这番道理：

父母应有的干涉程度	父母干涉程度	孩子的成熟度
告诉孩子该做什么，何时完成以及如何着手	高	低
注重双向沟通，给予孩子支持及鼓励	中	中
父母参与程度降低，建立起目标监督系统	低	高

从葛洛夫的理论来看之前小英被宠坏的例子，我们就能明白，**小英在"生命成熟度"低的时候，父母就过度授权，"干涉程度"过低，这样的搭配方式效率一定不好。**小英的父母应该在小英幼时就一步步引领她，让她逐渐习得应有的礼仪，变成习惯后，就可以转换成干涉程度低、充分授权的管理风格。

葛洛夫提到："大部分人都会认为精明的经理人不应该用'老妈子'管理作风，也因而经常发生开始想出来管管的时候，事情已经不可收拾。"所以孩子一出生就采取"自由放任"的教养方式，对孩子只是有害无利。

有些父母不去培养孩子的生命成熟度，孩子三四十岁了还是干涉不断，孩子没机会成长，自然很难获得成功。这样的父母往往控制欲过强，即使成功地控制孩子，孩子以后的发展也被抑制了。叛逆性比较强的孩子就会跑得远远的，严重影响亲子关系。**睿智的家长会逐步培养孩子的生命成熟度，并慢慢放手，让孩子找到内在动力、独立成长。**

当孩子的生命成熟度达到顶尖时，基本上已完成训练，这时他的人生动力大致上来自内在的自我实现动力，这便是一个睿智的家长尽全力想追求的境界。

葛洛夫也认为随着孩子年纪渐长，父母的管教风格也会因孩子的生命成熟度而改变。不过葛洛夫也提到为人父母应注意的一点："当孩子生命成熟度够高时，他可能会离乡背井到外地求学。当此之际，亲子关系又再次改变，父母只是旁观孩子生活。但万一孩子所处环境突然产生巨变，而他的生命成熟度显得不足以应付（例如他在学校挂了几科），父母的管教风格可能要回到之前的阶段。"

最后，葛洛夫如此作结："管理风格并没有孰优孰劣，最主要应基于员工的工作成熟度，以决定哪一种领导作风较有效率。这也是研究者找不出一种最佳管理法的原因，因为随着工作环境不同，可能每日、甚至时时刻刻都在改变。"

同样地，教养风格并没有孰优孰劣，最主要应基于孩子的生命成熟度，以决定哪一种父母作风较有效率。善用葛洛夫这套理论，势必能帮助父母更充分拿捏管教干涉程度，达到高杠杆教养的目标。

教养笔记：高杠杆教养法归纳表

教养策略（strategy）

√ 着重效能（effectiveness），设定正确有效的目标，做对的事、有用的事。

√ 聚集于高杠杆管理活动，也就是孩子的成功方程式，而非只是读书及才艺培养。

教养执行（execution）

√ 着重效率（efficiency），以最有效的方式达到目标。

√ 及早开始教养工作，身教及管教并重。

√ 必须依照孩子生命成熟度调整家长的管理风格及干涉程度。

√ 善用管理机制。

管理领导风格VS父母管教风格对应表

老板领导风格	老板干涉程度低	老板干涉程度中	老板干涉程度高
部属工作成熟度低	部属成熟度过低，但是老板又不给予指导时，容易造成部属无所适从，效率不好		告诉员工该做什么，何时完成及如何着手
部属工作成熟度中		注重双向沟通，给予支援及鼓励	
部属工作成熟度高	老板参与程度降低，彼此建立起工作目标及监督系统		部属成熟度高，但是老板管理太多细节，反而容易导致摩擦，进而影响效率

父母管教风格与建议	父母干涉程度低	父母干涉程度渐增	父母干涉程度高 →
孩子成熟度低	父母过度授权。→管教效果不彰。 **建议**：父母应该在孩子幼时逐步引领，培养好习惯		孩子成熟度低时，父母需要给予充分指导，孩子才能从中学习，逐渐培养成熟度
孩子成熟度渐增		父母逐步培养孩子的生命成熟度。 **建议**：慢慢放手，让孩子找到内在动力、独立成长	
孩子成熟度高	孩子成熟度高，不需父母过分干涉，此时父母充分授权是最佳方式 ↓		父母控制欲过强。→容易抑制孩子的发展。 **建议**：顺应孩子的生命成熟度，改变教养风格

没有失败的孩子，只有尚未学好的孩子

有些精英父母会抱怨孩子不如自己优秀。其实不少精英父母都是自己奋斗成长，才有今天的成就。**但是孩子如果成长环境过于安逸，就有可能产生"生于忧患，死于安乐"的现象。所以适时给孩子们挑战，不要过分保护，对孩子的未来是比较好的。**

另外有的精英父母则发现自己的孩子被宠坏了，以自我为中心，不懂得付出，人际关系不好。这样的孩子算是失败吗？其实在我的眼中，没有失败的孩子，只有尚未学好的孩子。

那怎么让尚未学好的孩子学好呢？我想从自身经验谈起。小时候的我也是有不少缺点，是我父母的努力，慢慢将我捏得比较像样，就像捏一个小陶人一样。我爸妈通过身教、言教和管教，让我慢慢学会此成功七大特质。我小时候比较没有金钱观念，是我妈妈帮我培养的。还有，遇到挫折时我总会很沮丧，是爸爸教我，再坏的事也有好的一面。更不用谈父母总是教导我，要从别人的角度思考，多为别人着想。正是因为他们自由民主的教养方式，不至于抹杀了我的创意思考。

Chapter 3

教养风格

父母的教养方式，决定孩子的个性

哪种教养风格，让孩子保有原创力又不过于任性

心理学家发现，一个人跟别人说过话后留给人的印象，只有百分之二十取决于谈话的"内容"，其余百分之八十取决于沟通的"风格"。如果父母以严厉凶暴的态度要孩子跟其他小朋友和平相处，孩子学到的是父母的破坏性情绪，而非父母的言语所表达的内容。

你是否觉得父母管教风格对塑造孩子的个性有很大的影响？回想你过去看过的例子，是否可以归纳出这样的发现：严格的父母教出来的孩子都比较拘谨，开明的父母教出来的孩子都相当自由、活泼？**会不会觉得，有时候你并不需要认识一个人的父母，就能从这个人的个性反推他父母的教养风格？**

即使是同一对父母教出来的孩子，性格也可能大不相同。一般来说，父母对老大要求比较严，因此老大通常比较有责任感。父母及兄姐通常比较疼爱老小，也造就老小的个性和哥哥、姐姐截然不同，往好的方向发展是活泼、有创造力；往不好的方向发展则会造成任性、缺乏自制力。

心理学家对此有深刻观察，《心理辅导的艺术》（远流出版）提到："人格的一些倾向的确与家中的某种地位有关，老大的责任感通常比较强，在出生头几年能享受到父母完全的关爱与照顾，也因此获得了稳定性……老幺在婴儿与幼儿期所获得的关爱，不仅来自双亲，亦来自于哥哥姐姐。他们会帮助他、照顾他，当然也尽力教导教育，这可能会让老小产生热爱人生的态度及期望，认为他能够爱所有人，也为所有人所爱。"**由此可见，父母的教养方式对孩子的性格有莫大影响力。**

那么，是否能够找到最佳的教养方式，让孩子保有原创力，又不会过于任性？究竟什么样的教养风格能够帮助孩子更顺利地朝成功的路上走？非常幸运的是，这两个问题的答案都是肯定的。心理学家黛安娜·包姆林（Diana Baumrind）曾针对父母教养方式和儿童性格做了关联性研究，显示父母教养风格和孩子的性格与成就有显著的关联。经由此项研究，心理学家找到了最佳教养风格，并呼吁父母采取此种风格教出成功的孩子。这也是为什么我们在逐项探讨如何培养孩子的成功特质前，有必要先了解何谓最佳的教养风格，才能有效教导孩子成功的特质。

父母教养风格VS孩子个性特质分析

根据本书前面的检测表，可以归纳出四种不同的教养风格，而各类型父母所培育出的孩子又有什么不同？根据心理学家的统计，父母的教养风格会影响孩子个性特质的分析如下：

◆ 权威型教养风格（authoritarian）

权威型父母有人性本恶的信念，认为孩子借口多，不管教以后会变坏。

- 常采用"高要求、低支持"的教养态度，对孩子要求高，但情感上的支持不多。

- 通常这类型父母会体罚孩子，比较少倾听孩子的心声。

- 这类型父母的规定，孩子一定要遵守，他们会要求孩子服从，偏好严厉强势的管教方式。

- 在权威型教养风格下长大的孩子有两种类型，可能会比较不独立，容易有"一个口令一个动作"的倾向。另一种类型的孩子则具攻击性，脾气暴躁，反抗性强。

◆ 疏离型教养风格（uninvolved）

疏离型的父母不太管教孩子，也不太能了解孩子的情绪与感受，因而不能经常给予孩子情感上的支持。疏离型的父母和孩子之间的关系疏远冷淡，比较有距离。

- 常采用"低要求、低支持"的教养态度，对孩子要求低，情感上的支持也不多。

- 这类型父母容易忽略孩子，和孩子的互动不多。

- 在疏离型教养风格下长大的孩子有两种类型，可能造成人格退缩、没有安全感。另一种类型的孩子容易叛逆、具攻击性且愤世嫉俗。

◆ 放任型教养风格（permissive）

放任型父母很能接受孩子的冲动与欲求，虽然关心孩子的情绪起伏，但不喜欢强迫孩子，也不太对孩子的行为设限。

- 常采用"低要求、高支持"的教养态度，对孩子没什么要求，会给予孩子许多情感上的支持。

- 这类型父母和权威型完全相反。他们把自己视为孩子的资源，而非塑造或修正孩子行为的动力。

- 在放任型教养风格下长大的孩子通常较不成熟，缺乏自制力，容易冲动；比较不懂得感恩，觉得东西来得理所当然，社会能力差。

◆ 威信型教养风格（authoritative）

威信型父母相对于权威型教养风格，虽然也强调服从，但不会执行过度，比较能够认同并尊重孩子的需求。

- 常采用高要求、高支持的教养态度。

- 这类型与疏离型完全相反，不仅对孩子有所要求与规范，同时也能给予关怀与支持。因为威信型父母关心孩子的情绪，多半以口语规范孩子而非体罚。

- 在威信型教养风格下长大的孩子较为友善、自信、有社会能力，可以被信赖。

最佳教养风格——"威信型"父母

哪一种教养风格对孩子有最正面的影响？根据心理学家的看法，是威信型教养风格，原因有二：

1.孩子在成长过程中会被父母管教，所以不会任本我（当下的欲望与冲动）自由发展，懂得社会规范和与人互动的规则，因此社会能力较好。

2.孩子在成长过程中，父母愿意聆听、尊重他们，人格发展较健全，不易产生过度自信或自信不足的情形。

现在你已经知道你是哪一类型的父母，也知道威信型教养风格是最正面的教养方式。

那么，该怎么做才能成为威信型父母呢？

如何成为威信型父母

如果父母属于疏离型及权威型风格，孩子久而久之就不会想跟父母沟通，因为每次沟通，孩子都没办法被理解，便会认为多说无益。扪心自问，你真的有试着去了解孩子的内心吗？

我们已经知道，心理学家统计结果证实威信型（高支持、高管教）是最正面的教养风格，那么我们要如何调整自己的教养风格，增加孩子成功的概率呢？

简单来说，落在低支持区块的家长（疏离型及权威型），应该要发展对孩子的同理心，学会真正倾听孩子的需求、恐惧、害怕及希望。而落在低要求区块的家长（疏离型及放任型），应该要学会有自己的立场，了解爱孩子不等于放任，而是要求他能够发展出健全的心态、心智能力与社会能力。

	要求 高	
	权威型教养 ● 低支持 ● 高要求	**威信型教养** ● 高支持 ● 高要求
	疏离型教养 ● 低支持 ● 低要求	**放任型教养** ● 高支持 ● 低要求
	低	

低　　　　　　　　高　　支持

如果你是"权威型、疏离型"父母

——目标：从"低"支持到"高"支持，设身处地去感受孩子的情绪

如果父母属于疏离型及权威型风格，孩子久而久之就不会想跟父母沟通，因为每次沟通，孩子都没办法被父母理解，便会认为"多说无益"。有些父母自以为开明，其实常把自己的意见加在孩子身上，孩子多方尝试后一直无法让父母明白自己的感受，自然会放弃。父母还嚷嚷道："我这么开明，为什么孩子有事都不跟我说？"

扪心自问，你真的有试着去了解孩子的心吗？还是你总认为，这没什么大不了，那也没什么大不了，只有你在乎的事才是最重要的？

所谓同理心，就是能够"感同身受"的能力。如果不能设身处地去感受孩子的情绪，你就没有办法真正去支持、鼓励孩子，你们之间会有

一道无形的墙，阻隔了情感交流与沟通。比如说，孩子心爱的玩具掉了，哭得很伤心。如果此时你跟他说："玩具掉了再买新的就好，没什么好哭的。"孩子可能会哭得更大声，因为你没办法理解他失去心爱的玩具的痛苦。虽然在大人眼中，小孩子的玩具实在是轻如鸿毛，一点都不重要，可是对孩子来说，心爱的玩具相对于我们，可能是我们最爱的王建民签名帽和古董收藏，这样的东西掉了怎能不伤心呢？

相反的，具有同理心的父母会先理解孩子的情绪。

"宝贝，玩具熊掉了很难过是不是？""我们一起去失物招领好吗？""找不回来了，我们一起祈祷玩具熊能够有新的好主人照顾它，好吗？"

借由认同孩子的情绪，逐步带领他找到善后的方法（失物招领），调适找不回心爱玩具的心情，孩子的心门才不会逐渐关闭。借由被聆听与了解，孩子才能形成健全的人格，以后成就才会高。

如果你是"放任型、疏离型"父母

——目标：从"低"要求到"高"要求，不随孩子起舞、立场坚定

落在低要求区块的家长，因为对孩子没什么要求，本身没有坚定立场，容易被孩子牵着鼻子走，养成孩子无法无天的个性，孩子也容易因为过度自我而无法和同辈相处。不顺他的意就生气，一副小霸王的样子，其

实这都是父母宠出来的。

有些低要求的父母会辩称，"我对孩子也是有要求的啊！"如果只是轻声细语跟孩子说几声，孩子连理都不理，依然故我地调皮捣蛋，这哪算是管教？

疏离型父母对孩子不太在乎，而放任型父母对孩子虽然很有同理心，但是完全以孩子的意思为依归也不恰当。对孩子百依百顺只有百害而无一利。

我曾听说一对父母带小孩到朋友家玩，孩子在院子玩了满手泥巴，跑到父母的朋友客厅里往全新的白沙发上一抹，父母竟然还对自己的孩子赞扬有加："宝宝好有创意哦！"

真是令人叹为观止，在这种教养风格下长大的孩子以后人际关系要好也难。

低要求父母要学习的第一件事是：知道自己应该要求孩子什么，可以参照第三章至第十章，再对孩子设定标准与规范。**第二，必须做到立场坚定，不能老跟着孩子的喜怒哀乐起舞。**

建立"威信型教养"，从情绪辅导五步骤做起

华盛顿大学心理学系名誉教授约翰·高特曼（John Gottman）在《好个性胜过好成绩》（时报出版）提出"情绪辅导五步骤"，同时兼顾了"高支持"与"高要求"这两个面向的思维，让父母可以兼顾"同理心"与"规范设定"两种需求，恰可作为威信型教养的执行步骤模板：

◆ **步骤1：察觉孩子的情绪**

高特曼提到，孩子的情绪有时候很难捉摸，即使是感受敏锐的父母都不见得能立刻知道孩子的情绪成因，因此他建议了三种方法，帮助父母去了解孩子：

- 检视孩子的整体生活状况：如果孩子因小事过度反应，这件小事可能只是触媒，退一步检视他整体的生活状况，是不是有什么不顺的事发生？是不是最近他对生活有些不满？

- 从幻想游戏中获得提示：可以引导七岁以下的孩子通过角色扮演去表达感受，比如说高特曼的女儿就用芭比娃娃跟他说："你生气的时候，芭比真的好害怕。"这种角色扮演能让亲子间的沟通管道更顺畅。

- 观察行为中的不安征兆：从睡眠、饮食习惯、生理状况也可以观察出孩子的状态是否稳定。如从不会尿床突然变得又会尿床，显示孩子心理状态有所改变。

◆ **步骤2：体认情绪的教养功能**

孩子经历负面情绪或负面经验时，大部分家长第一个反应是，又有麻烦了，觉得自己今天运气不好。可是从另一个角度来看，**这是一个让孩子成长的机会，也是让自己和孩子建立亲密关系的大好良机。**好好运用这样的机会，孩子不仅能经历一次正面的蜕变，父母的支持与引导也能够加强孩子对生命、对自己的信心。

◆ 步骤3：以同理心倾听

请孩子告诉你他的感受，并专心聆听，不时对孩子的话做出回应，可以让孩子越讲越顺，让他在脑海里厘清、条理化整个情况，有助父母了解自己的判断是否正确，也让孩子不舒服的情绪得到纾解。

◆ 步骤4：帮助孩子标示情绪

高特曼观察到，"标示情绪的行为对神经系统具有安抚效果，能帮助孩子从不安的事件中更快恢复过来。"所谓"标示情绪"并不是告诉孩子，他们"应该"要有什么感觉，而是单纯用语汇去描述孩子的情绪，询问他们："你是不是觉得很难过？""你是不是很生气？"

高特曼认为："能在体验情绪的同时并针对它进行讨论，牵涉到大脑左叶的运作——这也是主掌语言与逻辑的中心。因此这或许能帮助孩子专心并且平静下来。"换句话说，在我们协助孩子标示情绪时，等于是让他不只限于完全的情绪中，反而会开始思考、动脑筋去了解自己的状况，因此能够部分抽离现在的情绪，从另一个角度去审视自己，因而有助于情绪平复。

◆ 步骤5：解决问题并设定规范

高特曼针对步骤五，订立了以下五个步骤：

- 对不当行为设定规范。让孩子明确知道有些行为是不当的，再引导孩子思考较适当的方法去处理负面情绪。

- 确认解决问题的目标。问问孩子对于眼前的问题，希望能够获得什么成果。

- 思考可能的解决方案。和孩子进行脑力激荡，找出解决之道。

- 评估各种解决方案。对于每个解决方案，问孩子："这个方法有效吗？""这个方法对其他人有什么影响？"等问题。

- 帮助孩子选择解决方案。借由上一个评估步骤引导孩子得到最适当的解决方案。

教育对策运用情绪辅导五步骤，与孩子沟通选校问题

我记得二女儿欣怡小学六年级时，主动要求到高雄市就读某升学率很高的私立中学，如此一来她必须离家住校，我不希望她年纪这么小就离开温暖的家；而且该中学以升学为导向，并不注重五育均衡发展。若孩子整天和同学比成绩，又缺乏父母的关爱，纵使联考成绩提高了，对她整体的人生来说，终究是弊多于利。所以我希望她在当地中学就读即可，可是我也看到她到外地就读的企盼。那时台湾尚未出版《好个性胜过好成绩》，但是我和她沟通的模式，和情绪辅导五步骤可说是不谋而合。

我知道欣怡之所以会提出这样的要求，是因为她是个非常奋发向上、积极进取的孩子（**步骤1：察觉孩子的情绪**）。这是一项正面特质，我非常

认同，但我不希望她的目光只局限在自己的目标上，我希望她能够考虑周全，面面俱到（**步骤2：体认情绪的教养功能**）。于是我请她告诉我，她的想法。

欣怡说："我怕考不上第一志愿，所以想到高雄市这所中学就读。他们升学率很高，和我们这边应届只有几个人可以考上第一志愿的情况大不相同。"借由倾听欣怡的心声，我终于明白她的忧虑与烦恼。（**步骤3：以同理心倾听**）

我和颜悦色地回答："所以你才会想去高雄市念书，是吗？因为你很担心考不上第一志愿，对不对？"欣怡点点头，脸上的忧虑稍见舒缓，因为她觉得我能够了解她的顾虑与感受。（**步骤4：帮助孩子标示情绪**）

我说："欣怡，你常拿第一名，今年毕业典礼应该会拿县长奖，对吗？"她点头。

"我们这边的中学每一届至少会有三四个学生考上第一志愿，是吗？"她点头。"那么你觉得你不会是这其中之一吗？"

她想一想，尽力客观地说："应该会是吧！"

接着，我剖析两个选择的优缺点给她听："所以你看，没错，你去高雄市读升学率高的中学，以你的资质一定可以考上第一志愿；如果留在这边的中学，以你的资质，也应该可以考上。唯一的差别是，你去高雄读书得住校，爸妈不能陪在你身边，你不是最喜欢吃妈妈煮的饭吗？还有，我担心升学率高的中学不重视五育均衡发展，同学之间经常比较成绩，你可能不会很快乐。你要不要重新考虑一下？"（**步骤5：解决问题并设定**

规范）

欣怡的脸上露出"听起来好像还蛮有道理"的神情。隔天，她主动跑来跟我说："爸爸说得有道理，我决定在这里念中学就好了。我相信我在这里也可以考上第一志愿。"我很欣慰地点头，表示嘉许。三年后，欣怡以奋斗不懈的精神，顺利考取高雄女中，同时在成长过程中受到家庭温暖的照顾。

看完我的实际经验，你是否觉得情绪辅导五步骤对亲子沟通真的很有帮助？步骤一到步骤四主要是在处理孩子的情绪问题，借由父母的同理心，孩子的情绪被了解，也因而得到某种程度的控制，**一般放任型父母最多做到这四个步骤，如果要进一步提升到威信型教养，必须加上第五步骤的执行；而权威型父母往往直接跳到步骤五，孩子的情绪无法借由父母认同与自我省思得到疏导与升华，反而遭受到压抑，因为和自己的感觉悖离，可能会导致自信不足。**如果父母把自己的意见强加在孩子身上，主见较强的孩子可能会变得叛逆、桀骜不驯。因此，若能够确实执行上述五大步骤，将有助于父母培养威信型的教养风格，引领孩子走向未来。

"情绪辅导五步骤"范例练习

为确保各位认真向学的家长能够对"情绪辅导五步骤"了如指掌，将其精神内化到自己的教养风格里，这里特别设计了一个范例供大家练习。以后如果孩子有问题时，也可以照着这个空白范例一步步去辅导他。

范例：假设今天你的孩子奇奇"无缘无故"打了另一个孩子恩恩，你会怎么办？

◆ **步骤1：察觉孩子的情绪**

检视孩子的整体生活状况：_____

从幻想游戏中获得提示：_____

观察行为中的不安征兆：_____

◆ **步骤2：体认情绪的教养功能**

虽然表面上这不是一个正面事件，但我体会到这也是一个机会，让我能够去教导孩子这个道理：_____

◆ **步骤3：以同理心倾听**

有耐心地询问孩子：_____

认真倾听奇奇的回答：_____

鼓励孩子继续说下去，问道：_____

奇奇越说越多：_____

◆ **步骤4：帮助孩子标示情绪**

单纯地用语汇去描述孩子的情绪，询问他们："你是不是觉得＿＿＿＿＿＿＿？"

◆ **步骤5：解决问题并设定规范**

● 对不当行为设定规范（明确让孩子知道有些行为是不当的，然后再引导孩子思考一些较适当的方法去处理负面情绪）：＿＿＿＿＿＿

● 确认解决问题的目标所在（问问孩子对于眼前的问题希望能够获致什么成果）：＿＿＿＿＿＿＿＿＿＿＿

● 思考可能的解决方案（和孩子进行脑力激荡找出解决之道）：评估各种解决方案：＿＿＿＿＿＿＿＿＿

● 帮助孩子选择一个解决方案：＿＿＿＿＿＿＿＿

参考答案范例

◆ **步骤1：察觉孩子的情绪**

检视孩子的整体生活状况：最近奇奇的小阿姨来奇奇家住，奇奇很喜欢跟小阿姨玩。

从幻想游戏中获得提示：跟奇奇最喜欢玩的玩具熊伟伟进行对话，把伟伟塞给奇奇，问玩具熊伟伟："为什么你的小主人今天会打他的好朋友恩恩呢？我好困惑哦！"奇奇可能会通过伟伟说："因为恩恩一直和奇奇的小阿姨玩，奇奇叫他不要跟小阿姨玩，他都不听奇奇的话。"

观察行为中的不安征兆：今天奇奇行为有点反常，笑容也比较少，看起来易怒、情绪不稳。

◆ 步骤2：体认情绪的教养功能

虽然表面上这不是一个正面事件，但我体会到这也是一个机会，让我能够去教导孩子这个道理：和别的小朋友发生冲突时，不一定要用打人的方式去解决。

◆ 步骤3：以同理心倾听

有耐心地询问孩子："奇奇，你怎么了？告诉妈妈好吗？"

认真倾听奇奇的回答："我讨厌恩恩。"

鼓励孩子继续说下去，问道："然后呢？后来呢？跟妈妈多说一点。"

奇奇愈说愈多："恩恩一直和小阿姨玩，我希望恩恩赶快离开我们家。"

◆ 步骤4：帮助孩子标示情绪

单纯地用语汇去描述孩子的情绪，询问他："你是不是觉得很生气？你是不是觉得因为恩恩来了，把小阿姨抢走了？"（奇奇点头）

◆ **步骤5：解决问题并设定规范**

● 对不当行为设定规范（明确让孩子知道有些行为是不当的，然后再引导孩子思考一些较适当的方法去处理负面情绪）：

"奇奇，你知道这样做（打人）是不好的行为吗？"（奇奇低头不说话）

"奇奇，如果你被打，你会高兴吗？"（奇奇摇摇头）

"奇奇，你平常不是和恩恩蛮好的吗？那么我们一起来想看看，能不能不打恩恩，就可以解决你的问题，好吗？"（奇奇点头）

● 确认解决问题的目标所在（问问孩子对于眼前的问题希望能够获致什么成果）：

"奇奇，那你现在希望怎么解决这个问题？"

"我要恩恩离开我们家。"

"为什么？是不是因为你想要和小阿姨玩？"奇奇肯定地点头。

● 思考可能的解决方案（和孩子进行脑力激荡找出解决之道）：

"那么奇奇，你想和小阿姨玩，一定得请恩恩离开吗？"

奇奇想了想，说："也不一定，恩恩可以留在我们家，但是不可以和小阿姨玩。"

"那么奇奇，小阿姨可以和你一个人玩，是不是也可以同时和你们两个玩游戏？"

奇奇想了想，说："如果我们来玩躲猫猫，的确可以三个人玩。"

● 评估各种解决方案：

"那么奇奇，你觉得怎么做比较好？"奇奇沉思着。

"请恩恩回去，恩恩是不是会难过？他特地来找你玩。"奇奇点点头。

"请恩恩待在我们家，可是你又和小阿姨一起玩，这样恩恩不会觉得无聊吗？"奇奇点点头。

● 帮助孩子选择一个解决方案：

"那我们要怎么办比较好？"奇奇沉吟不决。

这时加把劲诱导他到双赢的解决方案："上次恩恩不是送给你一只可爱的玩具狗吗？恩恩对你这么好，你要不要邀请恩恩和你一起跟小阿姨玩？"

奇奇终于高兴地点头，大声叫恩恩跟他和小阿姨一起来玩。

"要记得跟恩恩说声对不起哦！"妈妈在后面跟着叮咛。

能这样做，孩子的成长过程将会是健康美好的，奇奇从这件事学习到了生气不一定要打人，也学会如何和同伴分享。可以想见奇奇在这样的环境中长大，一定能够拥有不错的人际关系，也比其他小朋友更能处理孩子之间的利益冲突。

要有威信，不一定得凶孩子

许多父母受到心理学"制约理论"的影响，认为必须通过威吓或奖赏才管得动孩子，其实不然。越强迫，问题越多。不给压力，孩子的潜能就会发挥出来，你给压力，反而会让潜能被压下去。

心理学家统计过，除了维护幼儿人身安全之外，小孩在两岁前很少受到干涉。两岁后，亲子之间的冲突频率平均为每小时九次，因此有的父母心里不免还是有些怀疑，不确定威信型教养方式是否能够奏效。权威型父母可能还是认为，不树立威严的形象就难以管教孩子；放任型父母可能认为管孩子一定得凶他们，会伤害他们的幼小心灵，所以就不太想管。但是，管孩子一定得凶孩子吗？

讨论这个问题之前，我们可以先看一下获国际佳评的一本书《柔性权力》（远流出版）。美国在第二次世界大战后崛起，文化影响力遍及全球，其力推的民主制度到普罗文化的代表可口可乐、麦当劳，席卷全球众多国家，各地青年学子也纷纷负笈留美。可是二〇〇一年发生了九一一事件，美国政府以反恐为由，发动阿富汗战争及伊拉克战争，罔顾国际舆论的强悍作风引起盟友的反弹。《柔性权力》作者约瑟夫·奈伊（Joseph Nye）曾任美国助理国防部长，十分忧心布什政府所采取的军事决定，会削弱美国原本拥有的强大"柔性权力"。

奈伊认为："柔性权力是一种怀柔招安、近悦远服的能力，而不是强压人低头或用钱收买以达到自身的目的。"他也提到："力量的面貌不限于一端，柔性力量也绝非软弱，它是力量的一种形式，如果未将它纳入国家政策，是个很严重的错误。"

相信大部分的人都认同奈伊的说法，觉得布什政府在中东政策方面过于强硬。许多国家对布什政府的强势作风无法苟同，美国声望直线滑落。但父母反观自己对待孩子的态度，是不是也不应该落到和当时的美国一样？

奈伊说："我如果能让别人欣赏我的理想，想我所想，就用不着那么多胡萝卜和棍棒，才能让别人照我的话去做。劝诱总是比威逼有效。"

换成孩子的教养方式，我们也可以这么说："我如果能让孩子欣赏我的理想，想我所想，就用不着那么多胡萝卜和棍棒，才能让孩子照我的话去做。劝诱总是比威逼有效。"柔性权力的概念不仅适用外交，也提供亲子教养另一角度的省思。**权力并非必须是刚性的，也可以是彬彬有礼地去影响别人，既不会伤害孩子的心灵，也不会让父母失去管教权力。**

教养也要善用柔性权力

许多父母受到心理学"制约理论"的影响，认为必须通过威吓或奖

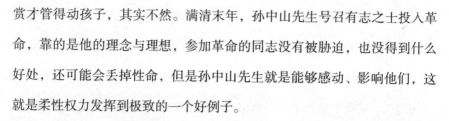

赏才管得动孩子，其实不然。满清末年，孙中山先生号召有志之士投入革命，靠的是他的理念与理想，参加革命的同志没有被胁迫，也没得到什么好处，还可能会丢掉性命，但是孙中山先生就是能够感动、影响他们，这就是柔性权力发挥到极致的一个好例子。

因此柔性权力并不见得无效，就像老子说的："天下柔弱莫过于水，而攻坚强者莫之能胜，以其无以易之。弱之胜强，柔之胜刚，天下莫不知，莫能行。"**威吓孩子，孩子可能会阳奉阴违、敢怒而不敢言；奖赏孩子，孩子一旦失去外在诱因，可能就不做了。**唯有多对孩子使用柔性权力，遵照高特曼"情绪辅导五步骤"，这样孩子在威信型的教养下，方能茁壮成长，活出最大的可能！

◆ 父母的温柔身教，让孩子自然而然爱念书

多年前，资优教育专家蔡典谟访问我、二女儿及三女儿。我恳切地分享自身的想法与经验："我只给孩子方法、原则、道理，她们知道了，自己会读，不需要强迫。很多家长、老师都强迫孩子，那是没有用的。**越强迫，问题越多。我是采取无为而治，不给压力，孩子的潜能就会发挥出来，你给压力，反而会让潜能被压下去。我是用启发的方式，慢慢开发。**"

我还说："凡是孩子有什么疑问，我就给答复，不会逃避，直到她们满意为止。花时间在孩子身上，以后孩子自己就会读书。孩子自己会开读书的车，我就不必帮孩子开了。"

我的二女儿对蔡教授说："激发小孩子的兴趣，让孩子自己肯去念书比较重要，而不是逼他去念书。"

　　三女儿也说："自己念，感觉比较好，这样没有学习障碍，而本身有兴趣的话，就会想要去多看一些书。"她接着说："如果父母一直管我，我会觉得很烦。爸妈的态度很重要，如果我爸以前是用一般家长压抑孩子的方式对待我，我可能现在上不了台大。我算是一个叛逆性满强的人，可是因为我爸妈都不压抑我做任何事，也不会不准我做什么事，我就懂得要去做自己该做的事，懂得对自己负责。"

　　蔡教授在自己的书中提到关于周家孩子的一章，写道："两位女儿谈到家庭给她们的影响时，表示是父母给了她们很好的开始，从小善于启发她们的智慧，提供温暖的家庭环境。父母不压抑孩子的好奇心或她们对学习的反抗，让她们对念书产生兴趣，同时也把她们当成一个完整的人，教导其选择方向，学会自己对自己负责，并给予她们足够的空间去发展。在短短的几个钟头里，看到幽默风趣的周先生与孩子相处，就像好朋友一样，让我们留下了非常深的印象。"

　　这就是柔性权力的力量，看似柔弱，却最能激发孩子奋发向上的能量。古语说，四两拨千斤。这句话中蕴含着无限智慧，说明做任何事情都有诀窍及捷径，只要用对了方法，就能事半功倍。教养孩子也是一样，成为威信型父母将会是最有效的教养方式！

传统管教方式的三大陷阱：严惩、奖励、爱的撤回

心理学家把父母的管教方式分为以下四种类型：

1.诉诸权力（power assertion）形态一：处罚，尤其是体罚。

2.诉诸权力形态二：以奖赏改变幼儿行为。

3.爱的撤回（love withdrawal）：拒绝、孤立幼儿。

4.诱导（inductive reasoning）：用说理去改变幼儿行为。

以柔性权力、刚性权力的理论来看，我们很容易判断第一到第三类型都属于刚性权力的展现，而第四类型（诱导）则落入柔性权力的范畴。心理学家认为，如果过度使用第一种到第三种管教方式，会导致一些不良后果，如下：

◆ "严惩"的陷阱：让孩子失去信任感

处罚，尤其是体罚，容易让孩子以为攻击性行为能够助其达成愿望。因为父母就是用这样的方法去制止他的行为，让孩子容易有暴力倾向或独断不纳众议的特质，以后遇到问题会照父母对待他的方式去解决，对未来成就有负面影响。这也让孩子对父母产生了怨怼，亲子关系受到影响，孩子也较会隐瞒自己做的事，甚至靠撒谎来躲避父母的惩罚，断绝了父母教导孩子如何解决问题的契机。

杰·唐纳·华特士（J. Donald Walters）在《生命教育》（张老师文化

出版）中提到："任意使用'棍子'，同样会损伤一个孩子天性中最美好的一面：信任感。就我的看法，这样的损伤甚至比放纵孩子、让他随心所欲沉浸在自己的任性中还糟糕。因为很快的，孩子就会发现这个世界对他的任性无动于衷。然而生命中一旦失去了信任感，孩子长大后便可能愤世嫉俗。有能力信任以及能信任爱的力量的人，比经由惩罚锻炼出来的人，更能好好处理人生的挫折与困顿。"

当然，这并不是说父母完全不能惩罚孩子。如果孩子欺负弟妹，要先了解为什么。先以劝说改变孩子，有效的话就不需要惩罚。如果孩子只是希望父母多注意他，这也是可以沟通的；可是如果孩子抱着不良动机并且一意孤行，父母可事先告知其游戏规则（再打弟妹就一个礼拜不能看卡通），待下次再犯时才处罚。换句话说，了解原因、对症下药为上策。其次是制定规则让孩子有心理准备，最不好的是没有预先告知孩子这是错误行为，就直接处罚。

处罚孩子非常重要的一点是不要对孩子人身攻击，要让孩子知道你处罚他（比如说面壁思过或不能看卡通）并不代表你不爱他，而是针对他的不当动机及行为，暂时性剥夺他的部分享乐。这样孩子才会知道如何改变自己，而不至于误解父母是针对他这个人发怒，让幼小心灵受到伤害。

我认识一个年轻家长，小时候他无意间打翻豆浆，母亲为此大发雷霆，他觉得很无辜，因为他不是故意的，而且已经道歉了。所以他就自己的切身经验发展出一套理论："我惩罚孩子，是因为他动机不良，而非无意犯错，这样孩子才会矫正自己人格中不好的部分，成为正直的人，同时幼小心灵也才不会受到伤害。"

这样的论点很值得提供给父母参考，不要随意惩罚孩子的过失行为，反而要去了解孩子的动机，再做是否需要惩罚的决定。

◆ "奖励"的陷阱：剥夺孩童内在自发的动力

运用奖励，父母可以改变孩子的行为，但是奖励对孩子纯粹只有正面影响吗？在《普通心理学（上）》（桂冠出版）中提到一个经典实验：实验教导了学生几个新颖有趣的数学游戏，接着心理学者在一旁观察孩子们在这游戏上花了多少时间。有些班级的学生会因为练习这些游戏得到奖赏，其他班级的学生则不会。心理学家发现，奖励增加了学童在这数学游戏上所花的时间，但是后来不再得到奖赏时，这些曾获奖赏的小孩失去了对游戏的兴趣，几乎不再玩了；相反地，从来不曾获赏的孩子却如以往一样享受游戏的乐趣。这说明了，奖励有时会产生反作用，剥夺了孩童内在自发的动力。所以父母在运用奖励去改变幼儿行为时，必须小心这个陷阱。如果能激发孩子内心的兴趣与动力，就不需要过度使用奖励去破坏孩子内在原有的动力。

根据我的经验，如果希望孩子考试考好，给予奖金去引导孩子用功读书，的确可能会造成孩子为了金钱而读书的负面效果。可是如果孩子成绩不好，你为他打气，陪他一起读，当孩子高兴地告诉你成绩进步了，这时候才出其不意地奖励他，孩子会更有荣誉感，下次会更努力。因此我们可以知道：**奖励可以在行为发生后加强该行为，又不会破坏孩子的内在原动**

力；如果事前给予奖励的诱因，孩子的内在动机就会被扭曲，父母不得不慎重。

◆ "爱的撤回"的陷阱：让孩子失去安全感，觉得被遗弃

当父母时常靠拒绝、孤立孩子去改变他们的行为时，容易造成幼儿的不安全感及被遗弃的焦虑。像我见过，有人难以和异性发展亲密关系。后来听对方说，他自幼父母忙于事业，他是由佣人带大的。我就恍然大悟了，双亲的疏离，的确容易造成孩子也不愿意亲近他人。还有另一种状况是，父母疏离也可能造成孩子强烈的不安全感，而产生"依附饥渴"的心理现象。比如说，配偶本身可能相当洁身自爱，但是当事人老是怀疑对方外遇，这种缺乏安全感的心理追溯到童年时代，往往是因为被父母孤立所引起的。

由此可见，权威型父母习惯采取的惩罚管教、放任型父母常用的奖励行为，还有疏离型父母对孩子爱的撤回，如果使用不当，都有严重的不良后果。**因此心理学家认为父母应该多采用诱导方式，用说理去引导孩子改变行为，这也是威信型父母一般采取的做法。**而高特曼的"情绪辅导五步骤"则提供一个想成为"威信型父母"细腻有效的模式，可供每一位望子成龙、望女成凤的父母参考依循。

"情绪辅导五步骤"看似繁复，需要更多耐心与时间，但是经由这个过程，孩子会慢慢开始欣赏你的理想，想你所想，你不再需要胡萝卜和棍

棒才能让孩子照你的话去做。这不是很值得一试再试、直到成功吗？

让孩子亲身去经历，也是教养的秘诀

有些父母会焦虑地说，如果过多的赏罚有可能对孩子造成负面影响，使用"情绪辅导五步骤"又无法劝动孩子时，该这么办？

我的答案是，运用自然的力量来实施赏罚。这是华特士在《生命教育》提出的观念："大自然果然可以广施教化，而且成效卓著。万事万物自有造化上的意义，我们很快就能从中学到教训，以便生存或获益。例如，如果碰触滚烫的热锅，手指就会被烫伤。只要受过一次教训，人就会学习到：人类皮肤生来是无法承受强热的。在其他无数的生活层面上，我们则学习到：若遵循大自然的法则生活，人类族群就能繁盛壮大；若蔑视自然法则，就会遭受痛苦。"

我十分认同这种观念，因为我就是这么做的，效果佳且负面作用少。就如我跟蔡典谟教授谈过的："从小我常跟她们说，所有事情自己决定、自己负责。譬如说睡懒觉，来不及上学，我就说你自己负责。迟到了，到学校自然会被老师骂，我不需要骂她。她反抗的时候，我们就接纳。接纳的意思就是，她们这样做，我知道，我们接纳她的错误，但不排斥她的错误，不拒绝她的错误。这样子，她们能受到尊重。有些事情你阻碍她，反而比让她去做更糟糕，让她去做，受到一些挫折，反而可以学到一些经验。"

华特士也是这么认为："生命中还有许多比这个更艰难的课程待学习：为什么伤害别人是不好的？为什么与人分享是好的？为什么想要以愤怒遂行己意时，往往导致自我挫败？为什么一味追求物质反而令人更空虚？我们总是希望，人们不一定要经历痛苦才能学会每一项课程。然而，明智的父母或老师都知道，有一些课程，甚至是痛苦的教训，只能经由亲身经验来学习。"

他也提醒父母一件非常重要的事："与自然合作的绝佳方式是：吸引孩子的注意力，让孩子明了他们经验到的是自己行动与态度下的结果，甚至安排模拟情境，协助他们自己学习这些真相而不会造成伤害。**切记，情境的安排应该要导向启发内在的认知，而不是充满教训意味，让孩子觉得你是幸灾乐祸。当父母说：'看吧，我早告诉过你了！'孩子抱持的想法会是：'我自己学到了这个教训。'"**

《心理辅导的艺术》里也有一段相当有智慧的话："生命以自己的方法和时间，将痛苦加诸一个以自我为中心的人身上；到时候，受辅者自会谦卑地自我改变。痛苦对我们而言，通常是种恩赐。"

这展示了自然法则教化人类心灵的范例，而父母要有足够的智慧，扮演引导孩子的角色，让孩子在自然法则运行中学习到人生的智慧，去成就圆满成功的人生。

情境教养

—— 多变化的有效管教风格

有父母感叹："孩子小时候好黏我，现在长大，就不太需要我了。"孩子长大了，能力变好，自信心也增强时，父母应该要协助孩子更加独立，给孩子自主的空间。不需要执着于过去和孩子的紧密关系，这才是有智慧的做法。

为什么有时候高支持、高要求行不通

许多父母知道威信型教养风格是最佳的教养方式之后，会开始尝试改变自己的风格，权威型父母可能会多给孩子一点支持，而放任型父母可能会多给孩子一点要求。这都是好现象，只是有时候会碰到以下情况：

◆ 案例一：

小明很爱在公园里骑脚踏车，从小学二年级一直到五年级都还乐此不疲，骑得非常好。小明的妈妈是权威型父母，最近想要改变风格，多称赞一下孩子，于是跟小明说："你脚踏车骑得真好！"小明并没有露出喜悦的脸色，反而有点困惑地回答："这不是早就知道了吗？"颇有妈妈多此一举的意味。妈妈有点下不了台，虽然心里不太高兴，孩子也不领情，只能摸摸鼻子自行走开。

◆ **案例二：**

小学三年级的小英，是个很爱干净的孩子，从还没上小学前就喜欢自己整理房间，对于东西该怎么摆也有自己的意见和看法。小英的爸爸很宠小英，属于放任型父母，最近读了父母教养风格相关书籍，决定除了疼小英之外，也要对她有所要求。于是跑去跟小英说："其实我觉得你应该要把书桌挪到另一边，靠窗光线比较充足。"小英瞪了爸爸一眼，说道："你不要管我啦！我喜欢书桌在靠墙这一边，窗边太吵了，我早就试过了。"爸爸只好摸摸鼻子缩回去。

为什么小明及小英的父母会遇到这种状况？

心理学家实证结果不是说，成为威信型父母最能够帮助孩子吗？为什么会不得其门而入？孩子到底在想什么？

"情境领导II"的教养启示

回答这个问题之前，我们先来看看企业界行之有年的领导训练课程，借由了解企业界领导风格，对孩子的教养方式可能有所启发。

相信绝大部分为人父母者都有工作经验，知道上班是怎么一回事。我们以小陈做例子来说明踏入职场的心路历程。小陈是电机系高材生，刚从学校毕业进入职场时，怀抱着施展所学的理想，很兴奋地加入一家IC设计公司。加入公司后，小陈发现学校教的和工作上所需要的有不少差距，小陈知道自己还有很多要学习，想到人生就要开始开展，有说不出的高兴。

头几个月，小陈很认真地学，虽然能力慢慢进步了，可是还是会犯错，还是常常遇到自己无法解决的问题。小陈觉得有点沮丧，有梦想幻灭之感。在这种情绪中过了半年，小陈虽然可以解决比以前更多的问题，也慢慢可以贡献公司，可是还是对自己很挑剔，自信心时高时低。虽然小陈经历了自我怀疑，但是他是个奋发向上的青年，所以在情绪低潮中，他虽然不会主动要求工作，但是仍旧继续从工作中学习，终于可以解决大部分的问题，公司也提升他的职务，请他辅导新进员工，小陈又变得有自信了。

我们把小陈的心路历程用图表表示如下：

员工/孩子心路历程

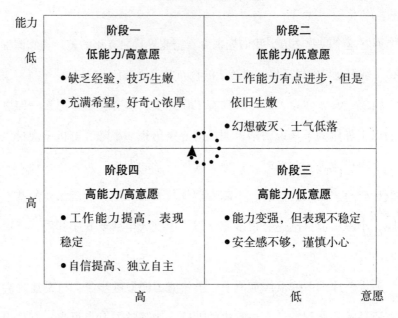

能力低	阶段一 **低能力/高意愿** ● 缺乏经验，技巧生嫩 ● 充满希望，好奇心浓厚	阶段二 **低能力/低意愿** ● 工作能力有点进步，但是依旧生嫩 ● 幻想破灭、士气低落
能力高	阶段四 **高能力/高意愿** ● 工作能力提高，表现稳定 ● 自信提高、独立自主	阶段三 **高能力/低意愿** ● 能力变强，但表现不稳定 ● 安全感不够，谨慎小心
	高	低　　意愿

　　如果你是小陈的老板，你要怎么辅导小陈从菜鸟一路蜕变为优雅的天鹅？在阶段一，应该多教小陈该怎么做。因为他几乎都不知道怎么做，不须太担心小陈情绪问题，因为他十分兴致勃勃。到阶段二，虽然小陈能力有些许进步，但是士气却大幅滑落，这时老板除了继续教他怎么做之外，还要多多鼓励他，让他可以继续坚持下去。

　　到阶段三，有时候小陈已经可以独当一面了，但是偶尔会表现得不如预期，这时老板不需要事事叮嘱，还可以请小陈说说自己打算怎么进行一项任务，换句话说，老板已经可以开始授权给小陈，但是因为小陈自信不足，需要时，老板也会帮他打气。到了阶段四，小陈在能力与工作意愿上都有长足的进步，老板交代下去，小陈都能办好，老板终于协助小陈从一只菜鸟变成一只天鹅，也不需要时时检视小陈的工作细项，也不需要一直鼓舞他，因为小陈已经蜕变成一个自信又有能力的公司资产。这就是情境领导（situational leadership）强大的威力，根据员工能力及工作意愿的高低，老板会调整领导风格，以俾员工专业之成长并兼顾其情绪需求。

把小陈老板的辅导风格用图表表示如下：

老板/父母辅导历程

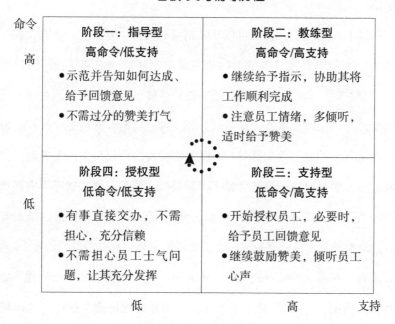

命令		
高	**阶段一：指导型** **高命令/低支持** ●示范并告知如何达成、给予回馈意见 ●不需过分的赞美打气	**阶段二：教练型** **高命令/高支持** ●继续给予指示，协助其将工作顺利完成 ●注意员工情绪，多倾听，适时给予赞美
低	**阶段四：授权型** **低命令/低支持** ●有事直接交办，不需担心，充分信赖 ●不需担心员工士气问题，让其充分发挥	**阶段三：支持型** **低命令/高支持** ●开始授权员工，必要时，给予员工回馈意见 ●继续鼓励赞美，倾听员工心声
	低	高　　支持

"情境领导II" VS "情境教养"

从情境领导II理论架构来看案例一和案例二，你会发现小明在骑脚踏车方面已达到阶段四：高能力／高意愿。这时相对应的最佳领导风格应该是阶段四"授权型"：低命令／低支持，多余的赞美对小明来说是画蛇添足。而对小英整理房间这件事而言，小英也达到阶段四，爸爸对小英的命令与要求，在小英看来都是多余的干涉行为，小英当然不会领情，会觉得不耐烦。

由以上两个例子，我们可以从"情境领导II"衍生出"情境教养"的概念，根据孩子在某件事情上的能力及意愿高低，去调整我们的教养风格，才会有效。我们不能认为，因为要采取威信型教养方式，对孩子所有的事情都一律采取高支持、高要求。相反地，有时候必须完全授权，扮演疏离型父母（相对"情境领导II"模型是阶段四授权型），才能给予孩子足够空间。**有时候孩子已经会做了，只是信心不足，我们就不再需要跟在旁边一直叮嘱他该怎么做，相反地，我们要给予他的是支持、鼓励与信心。**这时家长反而应该要扮演放任型父母的角色，高支持但是低要求。

还有，在孩子的学习过程中，不是每一样东西都会从第一阶段开始。比如说，你教孩子要跟别人分享玩具，一开始他可能会抗拒。这时候他正处在第二阶段：低能力／低意愿，这时扮演威信型父母的角色就很重要。有时候孩子原本已到达第四阶段，比如说数学一向是孩子的拿手科目，但是升中学后数学的难度一下增加不少，孩子可能会倒退到第三阶段，虽然具有一定数学基础，但是信心受到动摇。**在这件事上，我们也得从授权型／疏离型风格赶快转成支持型／放任型风格。能够弹性地根据孩子的现状去调整我们的教养风格，对于孩子有很大的帮助。**

有的父母会感叹："孩子小的时候好黏我，现在长大了，就不太需要我了。"有的父母则希望和孩子的生活跟过去一样密切，所以即使孩子长大成人，还是不断涉入孩子的生活圈。就像有些直升机父母甚至打电话去孩子面试过的公司，要跟人事主管谈孩子的薪水及福利。惠普等大公司人事主管指出，父母这样做让公司觉得孩子十分不独立，反而会降低孩子被录取的概率。按照"情境教养"的理论模型，孩子长大了，能力变好，自信心也增强时，父母应该要授权，采取疏离型父母风格，协助孩子更加独立，给他们自主的空间，这是必经之路。不需要执着于过去和孩子的紧密关系，应该放手让孩子去广大的天空翱翔，这才是有智慧的做法。

"情境领导II"的概念和葛洛夫所提倡的观念"随员工工作成熟度调整管理风格"有异曲同工之妙。不过"情境领导II"除了员工能力之外，还添加一个非常重要、不容忽视的面向——意愿。不仅老板必须关注员工的工作意愿及士气高低，家长也必须掌握孩子的情绪与兴致，才能有效引导他们的学习与成长。

最后我想问的是，当你阅读小陈与小陈老板的故事时，会不会很羡慕小陈运气这么好，有这么善体人意的老板，在他需要的时候给他需要的东西？说实在的，这样的老板真少见。在小孩子的世界里，这样的父母也很少见，因为大家有所谓的惯性，总是本能地依循自己的主要及次要教养风格去教导孩子。借由这一章教养风格分析及多变化情境教养，提供了两个简明易懂的理论架构可供读者依循，借此厘清自己该采取的行动，以达到最有效的教养目的。

接下来，我会在第四章到第十章，分别谈到打开孩子成功大门的七项重要人格特质。当你培养了孩子这七项成功特质，孩子未来的成功将可预见！

父母的威信教养成就了今日的我

一个孩子能够好好成长，父母扮演了不可或缺的角色。首先，父母要给予孩子充分的爱，可是又不能只是溺爱。父母还要懂得如何引导孩子，建立正确的价值观和生活习惯。简言之，有父母的爱和适当教导，孩子日后有所成就的概率就提升了。**父母的爱，就是威信教养中所提及的"支持"；父母适当的教导，就是威信教养中所提及的"要求"。二者缺一不可。**

我很幸运，我的父母很爱我，也懂得怎么教导我。我爸爸很疼爱我们，每次出差都会买小玩意儿，也常常买书给我们看。他也要妈妈好好照顾我们，好让我们专心读书。

而我妈妈总是全心全意照顾我们的生活起居，什么事都为我们着想。还记得，我高中联考前，有一晚我睡到一半，仿佛听到有人在说话。我微睁开眼睛，发现妈妈在我旁边不知道在说什么，说完就走了。我觉得很诧异，想说她是不是有问题。后来问她，才知道她看了报纸，听说在小孩睡着时跟孩子说话，更容易进入潜意识。联考在即，她希望我考试顺利，所以才趁我睡着时跑来我耳边喃喃自语，祝我考试顺利。我不觉莞尔一笑，觉得她真可爱。她这么无私地为我着想的例子，不胜枚举。

爸妈的爱让我得以好好成长，得以用开朗的笑容去面对周遭的人，以阳光的态度去面对逆境。我觉得很幸运，有这么爱我的父母。不过，爸妈对我也不只是疼爱与支持，他们也教导我、引导我、要求我。像是妈妈带我去邮局开户，让我从小学会存钱，管理自己的财务。**爸爸则是会从大方向引导我的思考，让我从不同角度去看事情，开阔视野。妈妈对生命充满热情，她也是很认真负责的人，她让我学到积极向上、认真负责的工作态度。**爸爸则是很正向思考，让我学会在逆境中看到希望。妈妈待客向来十分友善热情，而爸爸教我"为善最乐""助人为快乐之本"，这些身教和言教，让我到不同的地方，都可以很快交到一群好朋友。

我很感谢父母的威信教养，在他们深刻的爱和呵护中，我得到了莫大的支持；在他们的引导及要求之下，我不断砥砺自己。我十分感谢父母无尽的爱、宽容和引导。他们的威信教养，也让我日后当上主管时，学会刚柔并济的技巧。一个优秀的主管，绝对不能只对员工好，还要提供员工努力的方向，告诉员工需要进步的地方，也就是做个威信型的主管。主管只是一味对员工好，无法赢得部属尊敬；只要求员工而无法在情感上支持他们，员工会觉得自己只是工具，工作动力自然下降，这也行不通。两者兼具，方是正道。

Chapter 4

正向智商

教育孩子积极向上、
不自我设限的人格特质

"父母教养风格VS孩子正负向性格" 比较表			
父母类型	正／负向教养方式	孩子正／负向性格	正向智商
权威型	否定孩子	畏畏缩缩，自信不足	低
放任型	袒护孩子，责怪别人	自我中心	低
疏离型	没有反应	愤世嫉俗，甚至故意制造事端以引起注意	低
威信型	引导孩子	积极进取，正面思考	高

为教养灌注正向能量

孩子身上有一股强大的生命力，而父母的作为决定了这生命力前面是正号（＋）还是负号（－）。被加了正号的孩子，积极乐观，被加负号的孩子，压抑能量。身为父母的你，正在为孩子的生命力加上正号还是负号？

我在网络上看过一个故事，大意是：比尔出差，事先订好了旅馆，但到了旅馆柜台才发现旅馆超额预订，他现在没有地方可睡。比尔要求柜台侍者解决，对方却耸耸肩说："我真的无能为力，整间旅馆都满了。"比尔说："可是你们之前让我预订房间，现在又说没房间，教我如何是好？"侍者还是回答："我真的爱莫能助。"

比尔只好说："你帮我找一只'老鹰'过来。"侍者愣了一下："一只什么？"比尔回答："一个能够解决问题的人。"侍者听懂了，去找经理过来，一个看起来随和、亲切却坚定的中年男士。

这位男士问清楚状况后，当机立断地说："我们会尽快帮你找一间和我们同等级的旅馆让你休息，费用由我们负担。在找到旅馆之前，我有这个荣幸请你吃饭吗？"

你认得出老鹰吗？老鹰会做事，鸭子只会嘎嘎叫，内容不外乎：借口、抱怨、没意义的话。总有一天，鸭子会遭公司解雇，如果公司有问题，鸭子会是第一批被解雇的员工，然后鸭子会抱怨："真不公平，我想老板对我有成见。"反之，老鹰不会轻易被公司开除，因为老鹰会做出成果，而鸭子只会嘎嘎叫。鸭子和老鹰都会飞，但是老鹰在高空盘旋时，鸭子则贴着地上的池塘过活。

让孩子成为正面思考的大老鹰，不当负面思考的平庸鸭子

鸭子常说："这我可做不到。"

老鹰则说："我要如何办到？"

鸭子会负面思考，甚至为此开鸭子大会，一起互吐苦水、大肆抱怨；老鹰则报道正面的信息，以鼓励众人。

鸭子做事十分缓慢，他们的哲学是："我是来工作，又不是来逃难的。"老鹰总是很快就把事情处理完。

鸭子找借口的功力一流；老鹰则会找解决方法。鸭子不敢冒险；老鹰也会恐惧，但还是勇于尝试。鸭子在机会里找问题；老鹰在问题里看到机会。鸭子喜欢在人后闲言闲语，觉得这样才快乐；老鹰只谈正面的话，其他时候就保持沉默。

鸭子花很久的时间做决定，执行却只有三分钟热度；老鹰果决行事，因为他知道自己要什么，有多少能耐。

鸭子把精神摆在问题上，而且只会空谈；老鹰则会解决问题，并付诸实践。鸭子终其一生都在小池塘里打转；老鹰则翱翔到世界上最高的顶峰傲视苍生。鸭子抱怨人生不如意；老鹰努力改变不如意的人生。

究竟谁才是天生的赢家？答案应该很明显。

每个人身旁都有许多鸭子，老鹰则是不常见的稀有动物。和鸭子做好朋友，不知不觉中自己也变成了鸭子，连带自己的孩子也变成了鸭子。**如果父母整天怨天尤人，认为人生苦短，身不由己，再怎么乐观的孩子也会从老鹰变成鸭子，加入茫茫鸭群，再也不能振翅飞翔。**

我认识这样的人，明明能力不错，却总认为人生本来就是苦多于乐，不肯积极努力，最后一事无成。他的孩子也是整天愁眉苦脸，畏畏缩缩，裹足不前。《圣经》上说，罪可以传三四代。我自己引申这句话看亲子教育，觉得非常有道理。因为孩子不只承袭家产，也往往继承了父母亲的气质与精神遗产。

如果父母是鸭子，原本具有老鹰特质的孩子也会慢慢变成一只鸭子；反之，父母如果拥有老鹰般不凡的气质，孩子就能够成为一只老鹰。这就是为什么成功的人往往会提到父母早年对他的教诲，因为这些成功者父母不凡的气质，造就了他们的成就。

讲到积极正面，发明大王爱迪生是一个家喻户晓的例子。爱迪生研发灯泡时，做了一百多次实验还是失败。有天他被问到：为什么要一直做这些失败的实验，难道不会气馁吗？爱迪生这么回答："我并没有失败，我现在知道有一百种方法是无效的。"成功的人是这么看待失败:凡人认为的失败,对他们来说都是宝贵的学习经验,而不是失败。

爱迪生之所以如此成功,应该归功于他的母亲。爱迪生小时候和同学总是格格不入,上课也不专心,还被老师勒令退学。但是爱迪生的妈妈并不放弃,她坚信儿子只是与众不同,不是问题儿童。所以身为老师的她亲自教导爱迪生,也鼓励爱迪生。我们今天有灯泡可以使用,是因为爱迪生有一个不凡的妈妈。

每一个孩子都有潜能可以成为出众的老鹰。如果你仔细观察会发现,鸭子其实也满有力气的,每天喋喋不休地抱怨,努力找出问题批评,可以说是精力充沛。所以就动能来说,鸭子不见得会输老鹰。**鸭子与老鹰的主要差别,只在于能量的正向使用或负面发散。**只要父母能引导孩子的能量朝正面发展,他迟早都可以变成一只翱翔的大鹰,器宇非凡。

威信型教养,教出正面思考的孩子

那么,要如何培养出一只昂然挺立的大老鹰,而不是一只普通的鸭子?**从父母亲看待孩子跌倒的方式,就可以判断一个孩子的未来会被塑造成什么样子。**

孩子跌倒了,父母急急忙忙把孩子扶起来,孩子虽然不怎么痛,父母却仿佛遇到巨大天灾,一边心疼地拍着孩子,一边骂道路施工不佳。我们可以判断,这个孩子长大后一定是一只自我中心、抱怨不断的鸭子。

孩子跌倒了，父母开始大骂孩子走路不小心，孩子眼神露出畏惧的眼光，我们可以判断，这个孩子长大后一定是一只自信不足、畏畏缩缩的鸭子。

孩子跌倒了，父母完全置之不理，不心疼也不漫骂，漠不关心。我们可以知道，这个孩子长大后一定是一只冷漠无情的鸭子。

孩子跌倒了，父母鼓励孩子自己站起来。孩子自己站起来后，父母和蔼地跟孩子说："虽然会痛，可是下次你就知道要小心了。"孩子点点头，像是学到了宝贵的一课。**这个孩子一定会变成一只不凡的老鹰，因为他学会自己解决问题（自己站起来），也能从挫折中学会教训，增加未来的应变能力，不会因而怨天尤人，抱怨道路施工不佳，反倒会虚心检讨自己。**有这样明智的父母悉心教养，孩子不长成一只昂然挺立的大老鹰也难。

还记得之前提过的四种教养风格吗？从这个例子，我们再次了解教养风格对孩子的重大影响：

放任型——过于保护：父母经常担心孩子的行为引起不好的后果，加以限制，导致孩子逐渐丧失前进的动力，容易担心害怕，裹足不前，画地自限。再加上这样的父母往往过分疼爱孩子，造成孩子容易自我中心，变成一只抱怨不断的鸭子。

权威型——严苛负面：父母常负面思考、过于严苛，经常看到孩子的缺点与不足，导致孩子逐渐丧失自信，变成一只自信不足的鸭子。

疏离型——漠不关心：内心缺乏温暖或不懂得如何关心孩子的父母，会让孩子失去情感的感受能力，导致孩子成为一只冷漠无情的鸦子。

威信型——辅导鼓励：这类型的父母懂得鼓励孩子从挫折中站起来，并且从负面经验中看到正面意义，孩子绝对会变成一只成功的老鹰。

换句话说，只有威信型的父母才能有效地在孩子的中性能量前面加上正号，而其他三种类型的父母虽是出于善意，却会将孩子的能量转成负面，实在可惜！

父母的态度，决定孩子的未来

网络上有个流传甚广的故事。汤普逊老师觉得泰迪是个邋遢、上课不专心的小男孩。汤普逊老师常常用红笔在泰迪的考卷画上大大的叉，然后在最上头写上不及格。某天，汤普逊老师检视每个学生以前的学习纪录表，对泰迪之前的老师给的评语感到很意外：

一年级老师写道："泰迪是个聪明的孩子，永远面带笑容，他的作业很整洁，他很有礼貌，让周遭的人很快乐！"

二年级老师说："泰迪很优秀，很受同学欢迎，但他的母亲罹患了绝症，他很担心，家里生活一定不好过！"

三年级老师："母亲过世，泰迪一定不好过，他很努力表现但父亲总不在意，若再没有改善，家庭生活将严重打击泰迪。"

四年级老师："泰迪开始退缩，对课业提不起兴趣，没什么朋友，有时会在课堂上睡觉。"

看完后，汤普逊老师才了解泰迪的困难，深感羞愧，当她收到泰迪送的圣诞礼物（别人的礼物用缎带及包装纸装饰得漂漂亮亮，泰迪送的礼物却是用杂货店的牛皮纸袋捆起来），汤普逊老师更觉得难过，强忍心酸，当着全班的面拆开礼物。有的孩子开始嘲笑泰迪送的圣诞礼物：一条假钻手环，上面还缺了几颗宝石，另外是一罐只剩四分之一的香水。汤普逊老师不但惊呼漂亮，还戴上手环，喷了些香水在手腕上，其他小朋友全愣住了。

放学后，泰迪留下来对汤普逊老师说："老师，你今天闻起来好像我妈妈喔！"一等泰迪回家，汤普逊老师整整哭了一个小时。之后，汤普逊老师开始特别关注泰迪，而泰迪的心似乎重新活了过来。汤普逊老师越鼓励泰迪，泰迪的反应越快，到了学年尾声，泰迪已经成为班上最聪明的孩子之一。

一年后，汤普逊老师在门边发现泰迪写的一张纸条，上面说汤普逊老师是他一生遇到最棒的老师！六年过去了，汤普逊老师又发现另一张泰迪写的纸条，泰迪已经高中毕业，成绩全班第三名，而汤普逊老师仍是他一生遇到最棒的老师！

四年后，汤普逊老师又收到一封信，泰迪说有时候学校生活并不顺利，但他仍坚持下去，不久的将来他将获得荣誉学位毕业！他再一次告诉汤普逊老师，她仍是他这辈子遇到最棒的老师！

四年过去，泰迪又捎来一封信告诉汤普逊老师，他大学毕业后决定继续攻读更高的学位，他也不忘再说一次，汤普逊老师仍是他这一生遇到最棒的老师，而这封信的结尾多了几个字："泰迪·史塔特博士。"

该年春天，泰迪又来了一封信，他遇到生命中的女孩，马上要结婚了，泰迪说他的父亲几年前过世了，他希望汤普逊老师可以参加他的婚礼，并坐上属于新郎"母亲"的位置，汤普逊老师完成了泰迪的心愿。但汤普逊老师竟然戴着当年泰迪送的假钻手环，还喷了同一罐香水，是泰迪母亲过世前最后一个圣诞节用过的香水。

他们互相拥抱，泰迪博士悄悄在耳边告诉汤普逊老师："汤普逊老师，谢谢你相信我，谢谢你让我觉得自己很重要，让我相信我有能力去改变（make a difference）！"

汤普逊老师热泪盈眶地告诉泰迪："泰迪，你错了！是你教导我，让我相信我有能力去改变，一直到遇见你，我才知道该如何教育！"

我们从这个故事中得知，泰迪的妈妈在世时，一定是"威信型"母亲，非常鼓励他、肯定他，这也是为什么一年级的导师觉得泰迪在待人处世及课业上总是非常正面，带给大家很多欢乐。可是泰迪妈妈过世后，爸爸显然不太关心泰迪，可能是属于"疏离型"，于是泰迪像是缺水的小草逐渐干枯，功课大幅退步，常常拿"满江红"，人生也失去希望。起初汤普逊老师不知道泰迪的情形，抱持着"权威型"的心态苛责泰迪，直到后来才伸出援手，给予泰迪久违的温暖，泰迪才又恢复往日的光辉，人生重新出发。

《心理辅导的艺术》提到："信心的力量可以带动一个人的改变，这说法并不滥情。对人的信心可以扎扎实实激发出一股强大的力量，促成个人人格的强化或转变，也许是母亲对小孩、青年对朋友或太太对先生的信心。这道理像古老宗教的真理一样颠扑不破。"

爱迪生何其有幸，能有一个慈爱开明的母亲；泰迪何其有幸，能够遇到恩师，重拾对人生的信心。**但是多少小孩何其不幸，因为家长的冷漠、责难或过于保护，丧失了积极向上的正向力量。**如果你真的爱孩子，请以正确的方式教养他，让他成为卓越的老鹰，而不是平凡的鸭子。

扭转管教方式，展现父母的正向教养力

父母本身的特质对管教风格有决定性的影响。你散发出来的气质会影响孩子，孩子会继承你的精神遗产。如果你真的爱孩子，必须改变自己，才能顺利转换管教方式。而且，从正面思考的角度出发，父母也可以借此让自己拥有更多的成功特质。

生物学家做过这样的实验：把一只跳蚤放进玻璃瓶，发现跳蚤很轻松就能够跳出来。可是，当他们在玻璃杯上加了玻璃盖，跳蚤往上一跳就撞到玻璃盖，多撞几次后，跳蚤就会调整自己的跳跃高度，不会再撞到玻璃盖，依然在瓶内充满生命力地跳跃着。

第二天，实验者移除了玻璃罩，跳蚤却已经习惯昨天调整过的高度，依然在瓶子里头跳跃，再也没有办法跳出瓶外，于是跳高冠军变成了只能在玻璃瓶里活动的爬蚤！

后来实验者拿酒精灯烧热玻璃瓶，跳蚤受不了高温奋力往上跳，求生本能让他们恢复高超的跳跃能力，跳脱了玻璃瓶，保住一条小命。

如果父母不展现正向力量，就会变成阻碍的玻璃盖，孩子未来的成就也将大打折扣。

父母本身的特质（思维模式及行事作风）对管教风格有决定性的影响。如果父母想要让孩子长成一只老鹰，不是单凭改变管教方式就可以轻易解决。如果父母没有改变自己，一时的改变往往无法持久。比如说，没有主见的父母即使试着去管教孩子，尽量不一味纵容，可是孩子的直觉性很强，知道你还是无法控制他，所以会耍赖。严苛负面型的父母尽管尽量不口出恶言，但若还是常常看到孩子的缺点，难免会在眉宇之间表现出来，孩子感受到父母的不认同，依旧很难表现自己。

因此，若想有效扭转管教方式，父母必须改变自己。有人或许会说，"这么麻烦啊？我这样已经几十年，改不过来了。"可是就像第三章讨论过，孩子成功方程式的第一个秘密就是"身教"，你散发出来的气质会影响孩子，孩子会继承你的精神遗产。如果你真的爱孩子，必须改变自己，才能顺利转换管教方式。这两者是相辅相成、缺一不可的。

而且，从正面思考的角度出发，父母也可以借机转化自己，让自己拥有更多的成功特质。这对我们自己大有帮助，一举两得，何乐而不为？我提出三个父母自我改变的要求，当你能够做到这三点，就可以比较从容地去影响孩子，让他们也变得正面积极。

身教1 改变思考与说话的"语言"，为孩子做正面示范

你是否常在脑海里闪过，或是总在言谈中不经意地说出下列句子？

现在的言语	正面的言语
● 我没有办法。 ● 我就是这样。 ● 人生本来就很苦。 ● 我被强迫去＿＿＿＿＿＿， 　没有选择。 ● 他让我很生气。 ● 如果事情不是现在这个样子，那 　就好了。	● 有没有其他可能？再试试其他地方去。 ● 我能改变自己吗？何不试试？ ● 虽然现在遇到挫折，但是人生还是有快 　乐美好的时候，好日子终将会来。 ● 是不是非得这样做不可？应该把自己的 　为难之处告诉对方。 ● 我可以选择另一种方式回应他。 ● 还可以改变现状吗？如果不能，怎样做 　可以减少伤害？

如果你常常这么想或是这么说，你可以再更积极、正面一点。运用"正面的言语"，换另一种角度看待事情，甚至去改变现状，化消极被动为积极主动。

史蒂芬·柯维（Stephen R. Covey）在《与成功有约》（天下文化）里，提到"关切范畴"及"影响范畴"的观念。"关切范畴"是指你所关心的层面，而"影响范畴"则是指你能够改变的部分。比如说，你希望你的儿子读医学系，虽然他的联考分数能上医学系，却填了电机系，于是你很失望。就这件事而言，是落在你的"关切范畴"而非"影响范畴"内，换句话说，你很关心，却没办法左右最后的结果。

父母自我练习：扩大你对孩子的影响力

当一个人把大部分的心力放在影响范畴之外，人生常常会有无力感，久而久之就会出现"我没有办法""人生本来就很苦"这样消极的言论与思想。还有另一种情形，有些人认为自己的"影响范畴"很小，总是画地自限、故步自封，人生当然也会过得不愉快。如果能改变思考及说话的语言，至少可以在以下三方面得到长足的进步：

1.扩大"影响范畴"：想想看有没有其他方法，想想看是不是自己非得这么做不可，尝试去说服他人等，都可以扩大自己的"影响范畴"。

2.把精力集中在"影响范畴"之内：与其整天担心自己无法掌控的事，虚度时日，不如在自己可影响的范围内创造价值，这能让你活得更有意义，人生也会更正面。

3.对于"影响范畴"之外的事物：虽然你没办法决定最后的结果，但是你可以决定面对的心态。

以刚刚的例子来做练习，你可以尝试跟儿子解释读医学系有什么好处，或者请你的医生朋友来说明医务生活，借此扩大自己的影响范畴。如果行不通，你可以把精力集中在"影响范畴"之内，协助孩子完成上大学所需的准备事项。同时可以调整心态，想想念电机系也不错，看孩子兴高采烈地去念书，父母也很替他高兴。经过这三种方式的锻炼，不管是否能达到原先的目的，你的思考及感受的语言会随之改变，从负面转为正面，相信连你的心情都会开朗起来，人生也变得更正面，而孩子的压力也会比较小，这对孩子来说绝对是一次正面示范。

《父母自我练习一》

有没有方法可以扩大我的影响范畴？ ＿＿＿＿＿＿＿＿＿＿＿＿＿＿＿

我可以在影响范畴内做些什么？ ＿＿＿＿＿＿＿＿＿＿＿＿＿＿＿＿＿

这件事在我的影响范畴之外，我要怎么面对比较健康？ ＿＿＿＿＿＿＿＿

身教2 **照顾自己的需求，不让"破坏性情绪"影响亲子关系**

许多父母为了照顾孩子、维持生计，往往忙到没时间做自己想做的事。可是这样子天天做"应该"做的事，无形中你也会要求孩子做你希望他做的事，也就是你认定他"应该"做的事。然而当一个人每天只做该做的事，而没有做自己想做的事，最后一定会变得乏味无趣，内心如干涸的大地，这样如何能激发出生命中正面向上的力量？

所以为了孩子好，父母也必须照顾自己内心的需求。比如说，如果妈妈在有孩子之前很喜欢逛街，但现在没有时间和之前的姐妹聚聚，何不向老公请一个下午的假，和昔日好友出去逛逛？**如果能够照顾到自己的需求，你也更能体会孩子也有自己的需求，而不会动怒说："我为你牺牲这么多，你竟然这么不听话！"**怒气这种破坏性情绪不仅会拉大亲子之间的距离，长期也会将孩子与生俱来的正向能量转变成破坏性的负向能量。

身教3 接纳你的孩子前，先学习欣赏自己的优点

会不会觉得被接纳、被欣赏的孩子，表现通常比较好？就像之前提到的泰迪，当他被妈妈爱着的时候，他表现得非常棒；一旦失去母亲的疼爱，泰迪就像失去太阳的月亮，再也无法发亮。后来当汤普逊老师看到泰迪的优点时，泰迪又整个人活了过来。

但是，要能够欣赏接纳你的孩子，你必须能够先欣赏自己。因为不能接纳自己的人，往往也很难欣赏别人。

所以这一小节的功课是：找出你的优点。如果想不出来，问问你身边的人："你觉得我最大的优点是什么？""为什么？怎么说？"

做到以上三点，你就有良好的身教基础可以去调教孩子。记住，父母要先改变自己，才能够改变孩子。

　　孩子成功，不会只是因为他有高IQ，"正向智商"的高低决定了孩子是老鹰还是鸭子。为了孩子好，请先调高你自己的"正向智商"，你才能拉高孩子这部分的高度。

从小给孩子"正向教养"

我们鼓励孩子去欣赏学习其他小朋友的优点，无可厚非。前提是，要能够先看到孩子的优点和长处，嘉奖他，让他有信心后，再鼓励他学习别人的优点和长处，这样的教育方式才能够达到好的效果。

思考1　发掘孩子的优点，不伤害孩子的自尊

专精犹太教育的杰弗里·布拉尼教授认为："有些父母经常忽视孩子的特质与感受，随意打骂孩子，很容易就挫伤了他的自尊心。相反地，父母如果不断鼓励孩子，孩子便会有成就感。"

布拉尼也提到："父母应该仔细观察孩子在哪些地方取得了进步，并给予适当的表扬与肯定。"

戴尔·卡耐基（Dale Carnegie）在书中提到："一般来说，父母都喜欢对孩子大声吼叫。事实上，这种沟通方式不但没有让孩子的行为变好，反而还会变得坏一些，所以父母亲就变本加厉，如此恶性循环不已。"书中也提到，受过卡耐基训练的学员运用"用赞美取代批评"，改变了孩子的行为："我们决定以称赞取代唠叨或责骂，但这样做并不容易，因为孩子的所作所为几乎都是负面的，我们实在很难找出什么事来加以赞美。在前一两天，我们尽可能找些事来称赞他们，果然，有些讨厌的行为停止了。接着，某些常犯的过错也逐渐消失不见。没多久，他们开始修正行为，照我们的意思去做。这些改变真让我吃惊，不敢相信。"

思考2　不要用比较来伤害孩子

犹太教育家切尼认为："拿自己的孩子和别人的孩子做比较，不但会让孩子反感，还会让他丧失自信。**每个孩子都有自己的个性，都应该能自我发展，而不是成为别的孩子的复制品。**"

当然，我们鼓励孩子去欣赏学习其他小朋友的优点，无可厚非。但是前提是，要能够先看到小孩子的优点和长处，嘉奖他，让他有信心后，再鼓励他学习别人的优点和长处，这样的教育方式才能够达到好的效果。如果只是一味拿自己孩子跟其他小孩比较，这样反而没有发挥长处，容易让孩子失去信心，也降低了未来成功的可能性。

思考3　训练孩子正面思考

父母可以利用之前"影响范畴"及"关切范畴"的理论，按照那三条建议训练孩子正面思考。尝试扩大孩子的影响范畴，不然就退一步把精力集中在孩子的影响范畴内，并教孩子学会虽然对关切范畴没有太大的影响力，还是可以决定自己面对的态度。

思考4　不帮孩子做他自己能做的事

犹太教育家切尼说："我绝不帮孩子做任何他自己能做的事情。"因为他认为过分干涉孩子或是帮孩子做事情，会降低、削弱孩子的主动性。如果什么事都替孩子做，会让他变得被动、依赖，不管什么时候都想得到别人的帮助，孩子拥有的无限潜力也将无从发挥，所以千万不要剥夺孩子行动的权力。同时要给予孩子做事的机会，孩子可以做一点简单的家事，让他们从做事中感受到成就感，也学到责任感。**千万不要以为让孩子做家事是父母懒惰的象征，相反地，这是在协助孩子精进自己的行动力，增加积极性及"正向智商"。**

思考5　让孩子做点家事

王永庆说过："多吃苦，多用心做事，不但对社会有贡献，同时自己也才能够享受到辛苦工作后的甘甜。就像运动流汗后，会感到浑身舒畅；肚子饿了，会感到食物的味道特别鲜美。享受是附生于工作之上的，疏忽工作而一味追求享受，结果是没有真正的快乐可言。"

犹太教育专家杰弗里·布拉尼也提到："劳动是锻炼孩子意志和质量的最好方法。让孩子从小开始劳动，做一些家务或其他事情，有助于培养孩子吃苦耐劳，珍惜劳动成果、家庭亲情，尊重他人，体认劳动是美好的事，甚至启发孩子认识社会。"

思考6　给孩子时间与空间去做喜欢的事

犹太教育家认为："一个有求知欲的孩子需要满足自己的学习欲，更重要的是，他们要有时间和空间来放松自己，不过这跟无所事事、没有目的地浪费时间是不同的。"

如果没有给孩子一些完全属于他自己的时间与空间，孩子就没有机会去发挥自己正向的生命力，就像我大女儿在《我们就这样进台大》（世茂出版）里提到："从我的中学生活点滴中，我有个深刻的感触，那就是应该让孩子去接触不同的人事物，而非死读书，他会从中慢慢发觉自己喜欢什么。有了兴趣当驱动力，学习起来会又快又有成就感。孩子如果对某事没有兴趣，可以慢慢引导他，若仍然无法接受就放弃，不要一直逼他，否则会有反效果。像我对钢琴没兴趣，父母亲也不会强迫我非学不可。反观现今的父母求好心切，逼孩子要学心算、作文、画画、音乐、英文、书法等，把他们的空档填得满满的。你说他们会快乐吗？"心直口快的大女儿接着写道："这种生活简直就像地狱般痛苦。"这样，孩子的正向力量又如何能够提升？

思考7　讲述伟人故事或买名人传记给孩子阅读

伟人一般有以下特质——坚韧不拔、高风亮节、沉着冷静、待人宽厚，借由阅读伟人传记，孩子可以找到认同的典范。当孩子心中有伟大的偶像时，他的成长方向也会朝着偶像的方向发展。**这总比孩子去崇拜明星**

来得好，明星代表的是流行文化，而伟人展现的却是伟大的人格及亘古不变的正向力量。

思考8　让孩子养成运动的好习惯

运动有神奇的功效。借由身体的锻炼，当汗水流出时，许多的杂念与不快似乎也跟着消失或减缓了。因此，如果你从小让孩子养成良好的运动习惯，对他们的正向智商绝对有帮助。孩子还小时，我们全家常一起到空地上打羽毛球，不仅培养孩子的运动习惯，也增进了家人的感情。

最后，你可以用本书九十九页的表格检查自己在培养孩子正向智商方面，是否有长足的进步。当你能够在下面每一项都填上YES时，相信孩子的正向智商也会大幅进步。

拥有一颗正向积极的心，不自我设限

记得读小学时，我没有很认真念书，不像二姐老是拿第一名。我经常在前三名徘徊，有时会不小心掉到三名之外。有一次月考后的颁奖典礼，小学校长和蔼可亲地问我："周佳敏同学，这次没有得奖啊？"我脸上火辣辣、不好意思的感觉，至今犹存。

我到中学二年级才开始看参考书，努力读书。我很感谢父母的是，当我小学没有每次都考第一名时，他们从来没有骂过我。我想如果换了一对十分"积极向上"的父母，我很可能会被骂："你没看到姐姐每次都考第一名啊？你怎么这么笨？又不认真，这辈子有什么出息？"

如果一直这样被骂下去，我就不可能成为现在的自己。我的父母从来没有为我设限过。当我没有每次都考第一名时，他们没说我这辈子一定就是这个样子。就像故事中的跳蚤与爬蚤，**我父母从来不拿一只瓶盖盖住我发展的可能性，所以在我的人生中，也常常忘了为自己设限。**

比如说，出国念书这件事。爸爸是老师，退休金也不过三百万，出国念两年花费两百万元绝对跑不掉，我说什么也不会伸手跟爸爸拿钱。那时候台湾经济已经起飞，台湾学生到国外念MBA，外国学校也不会给奖学金。在这个情况下，大多数人就会乖乖念国内研究所。可是，我是没被加过瓶盖的跳蚤，我就忘了给自己设限。

我大学毕业后先去工作，还傻里傻气地向老天爷祈祷说，如果老天爷认为我是一个上进的好小孩，就让我赚够留学的钱出国念书，祈祷完就傻傻地去买股票，两年后本金加赚到的钱，竟然刚好足够去留学。

我后悔这个决定吗？当然一点也不。能够去念伯克利大学的MBA，又留在硅谷工作几年，开阔了我的人生视野。而这一切，除了感谢认可我是上进好小孩的老天爷之外，第一功臣就是从来没有拿瓶盖盖过我的双亲。

还有，我转行做高科技营销这件事。伯克利大学毕业后，我的同学若没有理工背景，进了科技行业往往选择财务部门。可是，我又没有为自己设限。我在伯克利大学时就开始修习基础的电机课程，然后又跟理工科的朋友请教。我不管科技业营销部门的人员多数有理工科背景，就这样一头栽进去。因为我在硅谷高科技营销方面的长才，才被后来的老板网罗进入创业核心团队；几经努力，公司也顺利在台湾兴柜挂牌。这一切，还是要感谢父母从来不帮我设限，让我也常常忘了为自己设限。

每一个生命刚开始时，都充满了美好的向上力量。有的父母不断以言词帮小小生命加瓶盖，有些父母却从来不会这么做。回首来时路，我真的很感谢父母没有像打地鼠一样常常挫我的锐气。

或许有时候我会忘了设限而跌倒，摔痛了、跌伤了，但是我也会记取教训，咬紧牙根往下一关闯。因为我知道，我宁可跌倒，也不要畏惧地站在一旁不去尝试。因为，You miss 100% of the shots you don't take.

孩子"正向智商"教养检查表

衡量项目	YES	NO
身教		
1.今天我有使用正面语言去描述一个事件以及自己的看法与感受。		
2.今天我有拨一点时间做自己真心想做的事。		
3.今天我最欣赏自己的地方是:		
管教		
1.不要伤害孩子的自尊,发掘孩子的优点,赞美孩子优良的表现,有效鼓励孩子的进步。		
2.不要拿比较来伤害孩子。		
3.训练孩子正面思考模式。		
4.不帮孩子做他自己能做的事。		
5.让孩子做一点家事,让他有参与感、责任心及成就感。		
6.给孩子时间与空间去做喜欢的事。		
7.讲述伟人故事或购买名人传记给孩子阅读,树立典范。		
8.让孩子养成运动的好习惯,让他们的情绪有抒发管道。		

Chapter 5

右脑智商

给予孩子发挥想象力与
创造力的空间

"父母教养风格VS孩子右脑发展"比较表

父母类型	教养特点	孩子的右脑发展	右脑智商
权威型	常责骂孩子，容易压抑孩子的创造力	不轻易尝试，害怕失败	低
放任型	不压抑孩子，但不见得会特别去引导孩子发展右脑	孩子的右脑发展不受限制，具备一定的想象力及创造力	中等
疏离型	不太管孩子，所以孩子的右脑也没有被过分压抑	孩子的右脑发展不受限制，具备一定的想象力及创造力	中等
威信型	不会压抑孩子的右脑发展，同时还会刺激孩子的右脑发展	拥有丰富的想象力及创造力，点子多，不容易拘泥于常规与惯例	高

孩子未来是艺术家、科学家、创业者？
取决于创造力

　　成功的人通常也是右脑发达的人，能够看到未来的远景，专心致志地去实现心中的理想。所以父母如果能容许孩子发挥原有的想象力，激发他不凡的创造力，孩子的成就必定可以更上一层楼。

　　曾有人问米开朗琪罗为何能成为如此伟大的雕刻家，他这么回答："没什么。我只是看到这个形体出现在石头上，然后雕塑出来，就是这样而已。"

　　爱因斯坦想象自己是一道光，这样的模拟让他提出了狭义相对论与广义相对论，打破了以牛顿理论为基础的古典物理学，与量子力学共同撑起了近代物理学的一片天。eBay创立者皮耶·欧米迪亚（Pierre Omidyar）因为未婚妻希望能够和其他人交换糖果盒，便动脑写了程序架设拍卖网站，为买卖双方提供了一个前所未有的网络交易平台，因而创立市值高达百亿美元的公司。

很多人认为，只有艺术家才需要源源不绝的创造力，以创作伟大的文学作品、画作、戏剧等艺术品。其实不然，发现宇宙真理的科学家，也需要异于常人的想象力，才能突破现有理论，提出划时代的创见；建立商业帝国的企业家，也必须有能力看到自己未来的商业版图，才能一步步筑起罗马帝国般的辉煌。**换句话说，如果要达到非凡的成就，想象力及创造力是不可或缺的。**缺乏想象力的人，要能够超凡入圣到达顶峰，可说是寥寥无几。

这说明了为什么许多描摹名画的画师，终其一生只能是画匠，而像毕加索这种依循灵感创作出前所未有画风的画家，却能够成为一代大师；这也说明了为什么许多左脑发达的理工科资优生，纵使理解力、逻辑超群，却没办法像爱因斯坦一样提出划时代的创见；这更说明了世界知名企管学院可以年年训练出一批顶着光环的企管硕士，却没办法训练出真正的创业家。因为真正的艺术家、科学家、创业者所具备的创造力及想象力，早在幼年时期就奠基了。

真正的画家会说："没什么，我只是看到这幅画的样子出现在脑海里，就把它画了出来，只是这样而已。"

真正的科学家会说："没什么，我只是看到光在宇宙中行走，就把它用方程式写了出来，只是这样而已。"

真正的企业家会说："没什么，我只是看到以后的人们在网络上这样进行交易，就把它用企业模式建构了出来，只是这样而已。"

这就是所谓的远见（vision），所谓的洞见（insight），也就是划分凡人与非凡成功者的一条界线。

要先能在脑海中看到，才能在这个世界里创造。心理学家荣格便如此强调幻想的意义："有哪样伟大的事物开始时不是幻想？"

重视左脑，忽略右脑的教育，会剥夺孩子的想象空间

现代科学家认为两边大脑具有"不对称性"，左脑统驭语言表达能力、逻辑推理及数学运算，右脑则具有高度发展的空间和模型感觉，属于直觉与创造，倾向音乐、艺术和舞蹈。**如果孩子能够同时拥有发达的左脑与右脑，不仅情绪较稳定，成就也会高于常人。**

可是当代主流文明过于强调左脑，忽略了右脑的潜力。传统教育着重的是读、写、算，属于语言及数字的范畴，也是升学考试的重点，都属于左脑的领域。而着重梦想、直观、艺术的右脑，则因缺乏训练被压抑忽略了。

父母要求孩子考高分，孩子必须拼命记忆、演算、理解，没有时间去幻想与游戏，右脑的想象力及创造力就像久旱的溪流逐渐干枯了。长期下来，孩子容易逐渐失去生气，变得呆板无趣。这样的孩子以后进入社会，会受欢迎吗？

许多家长其实不知道，爱因斯坦小学时并不聪明，曾因为成绩不好而被老师要求退学。但是，他的母亲用音乐熏陶他，叔父教他数学，最后造就了一代物理大师。爱因斯坦并不是左脑异常发达的人，科学界也知道

爱因斯坦的数学并非顶尖，但是右脑发达的他，运用强大的想象力与创造力，突破了牛顿以来古典物理的框框。

如果孩子成绩不好，家长应该要细心找出原因，对症下药，但绝不可因此剥夺孩子自由想象的空间。因为你可能就此扼杀了一个爱因斯坦、米开朗琪罗或皮耶·欧米迪亚！如果你希望孩子的成就非凡，首先不要抹杀他与生俱来的想象力与创造力，并且要进一步栽培他的右脑能力，让孩子成为左右脑均衡发展的成功者。接下来，我们会讨论如何让孩子的右脑得到最佳发展。

10岁前，开发孩子的右脑潜能

七岁以下孩子的胼胝体尚未完全发育，左脑也还没有进化完成，不能进行复杂的逻辑思考及理性推断。七岁前的孩子多以右脑活动为主，任凭想象力愉快地驰骋。

人类在七岁时，连接左右大脑的胼胝体会完全长成，左右脑之间的数亿条神经构成的联络网络也随之形成，而左右脑两大半球的分化也会跟着展开。七岁以下孩子的胼胝体尚未完全发育，左脑也还没有进化完成，不能进行复杂的逻辑思考及理性推断。七岁前的孩子多以右脑活动为主，任凭想象力愉快地驰骋。

研究证实，如果孩子被剥夺了听故事的权利，孩子的情绪会受到干扰。有个案例是：

一名九岁孩子局促不安到了无法上学的地步，经过追踪，发现他从五岁开始，父母就用非常逻辑、理性的方式教导他，没有故事，也没有想象。后来医生建议孩子的父母每天念童话故事给孩子听，几个月后，孩子就拾回对生命的感受与活力，重返校园。

启发右脑潜能的七种关键力量

一般家长可能会觉得孩子总是喜欢做一些不切实际的幻想，不能充分掌握现实环境，因而打断、压抑孩子的右脑游戏，葬送了孩子强大的想象力与创造力。有些父母更想趁着孩子年纪小，要他们记诵过多的英文单词或唐诗，没想到这样反而会忽略孩子的右脑发展，对孩子未来的智力和发展有害无利。

其实，父母应该趁着孩子还在用右脑思考时，加强开发他们这方面的能力，造就一个不凡的孩子。以下从故事、游戏、放松、脑波音乐等七个面向，来讨论如何加强开发孩子的右脑潜能。

关键1 善用故事的力量

孩子小的时候，我和妻子常念故事给她们听，尤其是老三，听了最多故事。后来发现，听故事的多寡对孩子真的有影响。老三的右脑相当活跃，虽然不走老二稳扎稳打的作风，却常常会有很多点子，变化多端。我们家老二是高雄女中、台大财金系第一名毕业，靠"一步一脚印"踏实耕耘而来，可是有时候还是会羡慕老三，因为老三的读书风格虽然随兴写意，依旧能够名列前茅。有一次老二看到报道说听故事的小孩会变聪明，便跟妈妈抱怨："你就是讲比较多故事给妹妹听，所以她才会那么聪明。"

有本书叫作《喂故事书长大的孩子》（爱孩子爱自己工作室出版），

提到父母念故事书给孩子听可以培养孩子的品格、理解能力、专注力等。**其实除了这些能力的培养之外，最重要的是，故事可以启发孩子的想象力，让孩子的右脑得到充分的发挥与锻炼。**

我记得有一个炎热的夏天午后，我躺在家里走廊的草席上讲虎姑婆的故事给老三听，讲到虎姑婆被惩罚、逃逸到深山中，故事就要结束了。但老三还是不死心，一直追问我虎姑婆后来怎么样了，她好奇着后来虎姑婆会不会继续作怪，还是会变乖，不再危害世人。虽然我不记得当时编了什么故事给她听，但我知道这表示她小脑袋里的想象力已经被启发了，也开发了她的右脑。

后来等孩子开始识字后，我买非常多故事书给她们读，假日也会带她们到书店看书。孩子常常一窝就是好几个小时，愉悦地在故事世界里任由想象力驰骋。这些听故事和读故事书的训练，的确对我的孩子产生了莫大助益，他们在工作上都能够发挥创意，比如说改善公司不合理的累赘流程，或者是为自己的人生规划找到适切的转折点，为人生下一波高峰做准备，完全不需要父母操心、担忧。所以我认为说故事给孩子听是启发右脑不可或缺的一项任务。

关键2 体认游戏的魔力

游戏也是启发孩子创意的重要项目，像是玩积木、画画、听音乐、看电视等。**科学家认为右脑的主要功能涵盖了空间处理、艺术、音乐、直觉、创造等能力，所以给予孩子各式各样的玩具、引领他们听音乐或画**

画，都是很好的右脑启发教育。

甚至有研究指出，为婴儿播放旋律优美的音乐，孩子的脑部会比较容易产生神经元网络，大幅提高脑部功能。而且音乐学习不只能帮助右脑开发，伴随而来的专注力提升也能让左脑学科（数学、阅读等）的表现变好，甚至幼儿每天只弹钢琴十分钟，都可以提高他的智力测验成绩。像之前提到的爱因斯坦，其实小提琴拉得也十分出色，可见音乐熏陶对左右脑发展都有相当大的助益。

观看适度的电视节目，可以刺激幼儿初期的脑部发展，因为声光效果兼具，对孩子稚嫩的脑部有所刺激。可是千万不能因为要孩子安静不吵闹，就成天把孩子丢在电视机前，这样孩子无法进行其他游戏，也没有和人互动，智力反而会降低至呆滞状态。看太多电视对孩子最直接的伤害就是它严格限制了孩子的想象力，当孩子呆坐在电视前、被动地接收信息，脑部活动就会大幅下降。

郑石岩教授说过："孩子的大脑发展和学习的基本条件，不全是靠遗传而来的。如果在学龄前忽略提供大脑发展的丰富环境，以后的学习潜能就会大受限制。在实务工作中，有资质优秀的父母，子女的学校成绩却表现不佳，经过了解才知道，孩子在学龄前多半长期委托在学习环境贫乏的家庭中。"

因为婴儿刚出生时脑部新皮质呈空白状态，与神经细胞之间的联系甚少。**脑神经元网络大约在六七岁形成，孩童百分之八十以上的心智能力在这时候发展完成，所以孩子如果在幼儿园之前没有好好地玩游戏、接受故**

事想象力的启发，就不会有第二次机会了。

荣格也说："不只是艺术家，每一个有创意的个体，不管是谁，都该将其生命中最伟大的事归诸幻想。幻想的活力源头是'玩耍'，它亦属孩童生命的一部分，因此之故，它与工作严肃的道理相互抵触。但是没有了幻想的玩耍，创造性的工作亦属不可能。"所以父母一定要让孩子在幼年时好好游戏，在孩子年纪稍长后，也不要完全剥夺孩子游戏的权利，才能保住孩子的想象力。

关键3　尊重孩子的右脑创作

这可以从两方面来说。当孩子依照心灵想象，画出与事实不符的图画，像是红色的蛇，或者是长出脚的蛇，不要以批评的角度跟他说"没有红色的蛇"或"蛇没有脚"。这样孩子会遭受打击，以后可能就不想从事创意活动。**因为孩子的心灵是非常开放的，尤其对深爱自己的父母完全没有保留，父母如果随意批评孩子的作品，会让孩子原本满满的兴致像是消气的皮球，再也无法任由想象力奔驰，代价是孩子的右脑就被封闭起来了。**

其实孩子画的东西不符合实际状况，是完全正常的。就像孩子爱听神话故事，神话里不是充满了各式各样的怪兽吗？独角兽、麒麟、美人鱼等，都是孩子喜爱的，所以孩子画出脑海里所改造的蛇，和现实生活不一样，也就见怪不怪了。如果毕加索画的不是抽象画，而是写实画，今天我们就少了一个艺术家了。如果孩子画的东西非常写实，你反而要担心，这个孩子可能缺乏想象力，才会画得中规中矩，你得用心去想如何开发他的右脑。

关键4 **不要任意打断孩子的游戏或活动**

孩子对一项游戏或活动玩得正起劲时，千万不要贸然打断，一定要他去吃饭或洗澡。这么做会让孩子的右脑思考和运转受到干扰，同时也影响了孩子原有的高度专注力。最好的方式是，父母如果预定晚上六点开饭，在吃饭前十分钟或十五分钟前跟孩子"预告"一下："十分钟后就要吃饭了喔！你可以开始准备吃饭了。"这样孩子就会慢慢收心，把注意力从游戏上逐渐调整到吃饭的心情。

多采用"预告"方式，让孩子有心理准备，对孩子右脑活动的干扰可以降到最低。

关键5 **借用莫扎特或脑波音乐的力量**

刺激孩子右脑开发还有另一个方法，就是让孩子聆听莫扎特或经由科学家验证过的脑波音乐。脑波可分为四种，β（beta）波是我们清醒时的主要脑波，α（alpha）波是放松时的主要脑波，θ（theta）波是创造力很旺盛或做梦时的脑波，而Δ（delta）波则是沉睡时的脑波。

孩子还很小时，大部分都是使用右脑，脑波也多半呈现很强的α及θ波。随着孩子逐渐长大，我们要求他得逻辑性地思考及叙述，要求他背诵许多资料，β波因而逐渐成为孩子清醒时的主要脑波。**如果能让孩子听一些古典轻音乐或脑波音乐，他们就更能够同时呈现三种脑波，达到左右脑**

平衡的状态，也提高了右脑智商。

我的孩子小时候，很喜欢一边读书一边听轻音乐，这对读书效率有很大的帮助。到现在他们有什么问题需要靠脑力解决，还是会放音乐来刺激右脑、提高专注力，进而提升工作效率及工作成果。所以父母也可以善用音乐的力量，去帮助孩子提升右脑智商。

关键6　体认空白的艺术

一幅好画，一定会有适当的留白。适当的留白，给予观赏者想象空间，启发了人对这幅画的无限好奇心与联想力。留白是中国传统绘画中一种独特的视觉语言，中国画家每每运用留白来加深意境，为观者留下联想、想象的余地和空间，达到了气韵生动的效果。

有人教养孩子就像画工笔画，每一个环节都安排得好好的，该上什么才艺班、该补哪几个科目、该去哪里玩，父母用心良苦着实令人钦佩。只是不要忘了，教养孩子就像画水墨画，当我们细心填上美丽的四季景物时，也要适度留白，给予孩子整合思考、自行发挥的空间。

如果孩子没有空间任意发挥想象，久而久之想象力与创造力就会逐渐枯竭。孩子小的时候，虽然我也会让她们学钢琴，但是她们仍然拥有许多自己的时间，看自己想看的书、想听的音乐，随手涂鸦，做一些自己想做的事，父母并没有干扰她们课余的休闲时间。老三跟我说，童年那段自由自在的日子对她往后的人生很有帮助。她小时候做完功课、练完钢琴，就可以沉浸在自己喜欢的小天地里，自己在里面玩好几个钟头，这样的童年生活让她培养出高度的专注力及想象力，有助于她在往后的人生中把事情想得更透彻，找出问题解决方案，常常有一些异于常人的点子，也比较能够为自己规划方向、选择道路。

因此父母在为孩子排活动时，一定要给孩子一点时间与空间，不要剥夺他们右脑的自由活动时间。就像中国传统的水墨画，"无画处皆成妙境"，我们也要懂得为孩子的生命预留可以独立发挥的空间。

关键7　善用放松的力量

你有过这样的经验吗？被一个问题困扰着、百思不得其解，于是先去洗澡或睡觉，当你放开原本紧抱的问题，突然间灵光乍现，脑海中浮现最佳的解决方案？相信许多人都有过这样的经验，这也是许多知名科学家或艺术家获致非凡成就不可或缺的途径之一。

化学元素"苯"就是一个很好的例子。一八二五年，人们发现了苯，此后数十年间，人们一直不知道它的结构。所有证据都显示苯分子具有对称的特质，可是大家实在难以想象六个碳原子和六个氢原子如何完全对称地稳定排列。直到一八六四年冬天，德国化学家凯库勒（August Kekule）坐在壁炉前打瞌睡，看到原子和分子们在梦中跳舞，一条碳原子链像蛇一样咬住自己的尾巴，在他眼前旋转。猛然惊醒之后，凯库勒终于明白苯分子是环状结构，也就是现在有机化学教科书的那个六角形圈圈。

因此，要提高孩子的右脑智商，一定要教导孩子放松的力量。如果孩子白天遇到什么困难，你可以在他入睡前，告诉孩子可以请"梦神"在次日起床时，给他灵感与启示；也可以请孩子闭上眼睛，做几次深呼吸，逐渐放松，再让他去想原本的问题或创作目标。人放松时，会降低左脑意识，右脑直观的智慧比较能够浮出意识表面，给予事物深刻的洞见与答案。所以利用放松技巧，可以帮助孩子更加灵活运用右脑广大的资源。

启发孩子的右脑智商，开发潜意识宝藏

爱因斯坦、爱迪生、凯库勒这些成就卓越的人，右脑智商都很高，也很会运用潜意识的力量。左脑有其极限，因为左脑靠的是当下的资料及理性推理。但是人生有太多不可预测的变量，复杂度往往超过左脑的理性所能想象，因此哲学家尼采才会说："'直觉'是所有种类的智力里，最聪明的一项。"心理学家荣格也认为："潜意识所拥有的聪明与决定力，往往胜过人们有意识的洞察力。"荣格并进一步说明："通常人的理性视为不可能的事物，经由非理性这条路竟可美梦成真。所有曾影响人类最伟大的改变，都不是经由知性精打细算的结果，而是当时被大家忽略或斥为邪说荒谬的心灵杰作。"

左脑发达的人，在论理逻辑上异常卓越，但是右脑智商高的人，却能从不可能中创造出新事物、新气象，聪明才智更加高人一等。好好训练孩子的右脑智商吧！善用以下的教养检查表，养成培育孩子右脑智商的好习惯，让你的孩子也有机会成为创造力丰沛的成功人物！

"右脑智商"教养检查表

评估项目	YES	NO
1.我会讲故事给孩子听，或是选购故事书让孩子看。		
2.我会让孩子从事创造性的游戏。		
3.我尊重孩子右脑的创作成果，不随意批评。		
4.我不会突然打断孩子的游戏或活动。		
5.我会善用音乐的影响力，增进孩子的右脑活动力。		
6.我会给孩子时间与空间去做自己喜欢做的事。		
7.我会善用放松的力量，引导孩子的想象力。		

创意与想象，创造自己的生命价值

爱因斯坦曾说："想象力比知识更重要。"累积了一大堆知识，不见得可以解决问题。重要的是发挥想象力及创造力，去解决问题或创造价值。这也是苹果贾伯斯独特的魅力，他的创意和远见，让大家有iPhone、iPad可以尽情使用。乔布斯喜欢禅定与冥想，在"无"当中创造出"有"。换言之，"留白"的艺术是创意发想的重要条件之一。

回想我小时候，生活步调并不紧凑，爸妈看我成绩有一定水平，也不太管我。虽然我也学过钢琴和画画，他们从来没有排一大堆才艺课让我上。印象中，童年的我总有大把大把的时间可以看书、发呆、读《牛顿》杂志，也可以看窗外的云、翠绿的椰子树、拂晓的旭日、高挂夜空的美丽的猎户星座。我就那样让我的想象力无远弗届地奔驰，无始无终。

这样的成长氛围对我后来的学业和工作都满有用的。我之所以点子多，常常想到别人没有想到的点，弄出令人眼睛一亮的解决方案，是因为我不会只是照本宣科、依样画葫芦。**我喜欢搜集很多信息或资料，消化之后，放轻松，把左脑逻辑思考回路暂时关掉，让右脑的直觉去自行勾勒事物自己想要形成的样子。这个方法还蛮有趣也蛮有效的。**而这一切，还是要感谢爸妈没有用一张满满的才艺行程表把我的创意脑袋完全轰炸掉。还有，在我小的时候，他们说了很多好听的故事给我听。

在职场上，我常常发挥创意能力。**当老板交付一项任务后，我必须在脑中快速搜寻各种可用资源和各资源排列组合的可能性，然后尝试可能的方式以求使命必达**。后来我离职，老板觉得不太习惯，有时候会跟从前同事说："为什么以前Sophia都做得到？现在的人却做不到？"其实我当时发挥的就是问题解决的创意能力。

担任高层主管多年，我很珍惜能够按部就班、认真负责的人才。但是我也发现，具有创意思考、另辟蹊径解决问题的人才，毕竟是少数，可说是得之不易。如果父母在孩子小的时候就启发他的想象力，对孩子的未来绝对有加分作用。

Chapter 6

逆境智商

教育孩子，学习从逆境中看到希望

"父母教养风格VS孩子逆境智商"比较表			
父母类型	逆境教养方式	孩子面对逆境的态度	逆境智商
权威型	责怪孩子	害怕失败，在脑海中扩大逆境影响层面	低
放任型	袒护孩子，责怪别人	难以正视自己的弱点，无法累积逆境带来的智慧	低
疏离型	没有反应	愤世嫉俗，逆境处理方式容易走偏	低
威信型	引导孩子	坦然面对，检讨改进，愈挫愈勇	高

逆境智商决定孩子的成败

　　有人买错鞋子就要自杀，有人腿没了仍旧跳舞。为什么同样是人，抗压性差异这么大？我们无法一辈子保护孩子免于人生暴风雨无常之肆虐，却可以培养孩子的逆境智商，让他们即使不幸拿到一副人生坏牌，也会尽力打出最好的结果。这样的孩子不管走到哪里都会成功。

　　有人做过这样的调查：事业有成的大企业家平均失败三次以上，才成功开创自己的企业帝国；即使少数一次就成功的老板，也经历过多次危机和困境，才能达到今日的成就。

　　爱迪生为发明电灯，做了不下百次的实验，还说："我没有失败，我现在已经知道一百种无效的方法。"国父孙中山先生也是到第十一次革命才告捷。可是反观身边的人，有人失败一次就裹足不前；有人即使怀抱梦想，也不敢放手一搏。为什么？简言之，害怕失败。

　　这就是为什么犹太资本家哈默（Armand Hammer）说："一个人要有成就，能担当大任，首先必须经得起磨难，能接受各种考验，形成坚强的意志和百折不挠的性格。"心理学家也证实，**一个人的成就与智力**

高低并未呈正比，智商高的人不见得成就大，反倒是意志力的强弱和成就大小有显著关联。换句话说，一个人只要具备正常的智商（IQ）与情绪智商（EQ），如果还能拥有高"逆境智商"（AQ：Adversity Quotient），比较容易缔造辉煌的事业。

高逆境智商者能够从跌倒的经验里学习到智慧，不断成长，日新月异，成功率自然会随失败次数增加。每失败一次，智慧就提高一个层次。反之，低逆境智商者遇到挫折后就退缩，"抗压性"低，当然无法累积智慧迎向挑战，迈向成功。

逆境智商心态比较表

类型	时间性	影响层面	认定起因	事情角度	后续动作
低AQ者	永久损害	影响一切	个人因素	只看到负面影响	完全沉浸于负面情绪，无法处理危机
高AQ者	暂时损害	影响有限	外在因素	找出正面信息	着手危机处理

高逆境智商者乐观但不盲目

为什么有人可以一直接受挑战，不害怕失败？细究其心态，可以发现他们有以下五个共同特点：

1.认为失败只是暂时的，而不是永久的。

2.认为影响层面有限，不会波及整个人生。

3.不会过于内疚，自艾自怜。

4.不会认定失败是完全负面的一件事，反而会去思考可以从中获得什么启示及好处。

5.聚焦于危机处理，而不是完全陷入恐慌或沮丧中。

反之，低逆境智商者一遇到小挫折就惊慌失措，好像天塌下来一样，人生仿佛从此走样，于是开始自艾自怜或怨天尤人，无法好好处理危机。成功与失败，就在这一线之隔。

当挫折来袭，教孩子尽全力求得最好的结果

从父母和孩子面对挫折的反应，就可以判断出他们逆境智商的高低。以联考失败为例，假如一个孩子大学联考没考上原本预定会被录取的大学，假使他从小被严格要求成绩，遇到这样的挫折就容易丧志，觉得自己这辈子完了（永久损害、影响一切），内心不断苛责自己（认为是个人因素），消沉不已（只看到负面影响），不去进行下一步规划（无法处理危机）。这样孩子的父母通常也会如丧考妣，只感受到负面的信息。这些表现都反映出较低的逆境智商。

可是父母和小孩如果能够正视这样的结果，明白这只是人生的一个小挫折，影响层面不大，不过分苛责自己，试着去相信生命这样安排或许有

其正面意义，并看看自己可以从这次挫折中学到什么教训，着手进行补救计划或试着将这个结果运用到最大效益，这就展现了高逆境智商的风范。

　　美国总统艾森豪威尔年轻时，有次和家人玩牌，连续几次都拿到很糟的牌，情绪非常不好，态度也开始恶劣起来。母亲见状，说了段令他刻骨铭心的话："你必须用你手中的牌玩下去，这就像是人生，发牌的是上帝，不管是怎样的牌，你都必须拿着，你能做的就是尽全力求得最好的结果。"

　　当我们遇到挫折时，就好比拿到一副坏牌。重点不是去抱怨和沮丧，而是尽全力打好这一副牌。这就是我们必须让孩子培养的逆境智商。

及早培养孩子的逆境智商

不要把孩子养成温室的花朵，除非你可以保证他一生顺利。如果你的孩子成长过程都没有遇到挫折，反倒要担心。孩子小的时候遇到挫折，恢复能力比较强；等孩子二三十岁才遇到困境，人格都定型了，会很脆弱。

科学家做过一个实验：把两只白老鼠丢到一个装了水的器皿中，任它们在里面挣扎，它们挣扎大约八分钟之后就放弃了。

科学家再把另外两只白老鼠放到同样的处境里，在它们挣扎了五分钟之后，放入一个可以让它们爬出器皿的逃生板，让这两只白老鼠逃过一劫。

几天后，科学家再把这两只逃过一劫的白老鼠放入同样装了水的器皿，这次这两只白老鼠竟然可以坚持二十四分钟，时间是第一批白老鼠的三倍。

从这个实验，我们可以归纳出两个结论：

不曾获救的白老鼠只能在水中撑八分钟，因为它们不确定自己会获救，所以放弃了。

被救过的白老鼠可以撑三倍的时间，因为它们曾被救过，因此第二次认为自己可能也会获救，怀抱着这样的信念撑了二十四分钟。

关键1　孩子愈早受挫，抗压性愈高

把这个实验结果应用在孩子的教养上，我们可以说：

1.如果孩子从来没有受过挫折，第一次遇到挫折的忍受力会比其他遭受过挫折的孩子来得弱。（就像第一对白老鼠只能在水中撑八分钟）

2.孩子第一次遇到挫折时，若能顺利克服，下一次再遇到挫折，就会大幅增加抗压性。（就像第二对白老鼠在水中可以撑二十四分钟）

根据这两个推论，我们可以归纳出这样的教养理念：

1.不要把孩子养成温室的花朵，除非你可以保证他一生顺遂。

2.孩子遇到人生挫折时，应协助孩子渡过难关，可以大幅增进其逆境智商。

我偶尔在报纸社会版看到学业顺遂、家庭过度保护的青年，当人生稍不顺利，就闹自杀；也有一路念到医科、被家里当宝贝的年轻人，因为婚姻不顺就一蹶不振。这都相当可惜。如果你的孩子在成长过程中各方面（如学业、人际关系、感情等）都没有遇到挫折，反倒要担心。**孩子小的时候遇到挫折，恢复能力比较强；等二三十岁时才遇到困境，人格都定型**

了，会很脆弱，反而不好。

关键2 克服过困难的孩子，会对自己更有信心

我曾经跟几个年轻人谈到一个话题，"说说你第一次知道这个世界有坏人是什么时候？什么样的情况？"

第一个年轻人说："我大学刚毕业的时候，有个朋友说要卖车给我，我想是朋友，也没叫他先过户，就付了二十万给他。到最后连人带车跑得无影无踪。这就是我第一次知道世界上有坏人。"

第二个年轻人说："我小学二年级有一次带集邮册到学校，被偷了。我明明知道是谁偷的，却又没办法证明。这是我第一次知道世界上有坏人。"

第三个年轻人笑着说："所以还是早一点遇到坏人比较好。你看，小学第一次遇到坏人可能赔了两百块，可是如果是大学毕业才第一次遇到坏人，可能会赔二十万。所以还是早一点遇到好，代价比较小。"

所以，孩子遇到挫折不见得是坏事。如果父母能够抱持正面积极的态度，你会知道这是上天给孩子的考验，而你的责任是帮孩子渡过这个难关，让他下次遇到挫折时，能够有足够的信念去解决问题。

热爱帆船运动的人说："当一个人在大海中航行时，他当然不可能改

变风向，却可以通过不断调整船上的风帆，让自己一直向目的地驶去。"

人生是一片无法预测的海洋，时而平静，时而波涛汹涌。如果你一直把孩子保护得好好的，让他在家里的游泳池戏水，等他到社会这片汪洋大海时，将会手足无措，不知道如何去调整船上的风帆，好让自己朝目的地驶去。

孩子遇到挫折时，不要觉得倒霉。反而要感谢上苍给孩子这个考验，然后从旁引导、协助他渡过难关。克服过困难的孩子，会对自己更有信心，下次在人生路途中跌倒了，就能够更快站起来。

关键3　父母的逆境智商越高，越能教出高成就的孩子

智商会遗传，逆境智商也会遗传。只是逆境智商传承到下一代的方式不见得是靠基因，而是通过身教及管教影响孩子的一生。有些父母遇到芝麻小事就大呼小叫，比如说忘记带纸巾出门就大喊："完了！惨了！"在这种环境耳濡目染长大的孩子，遇到小事也会像父母一样大惊小怪，逆境智商要高也难。有些父母遇到不顺心的事就开始怨天尤人、怪配偶或孩子："都是你害我今天出门忘记带纸巾。"孩子在一旁也跟着学到这样负面思考的模式。

相反地，有些父母发现自己忘记带纸巾出门，却十分镇定："今天忘记带纸巾出门，我们可以到前面便利商店买，顺便买一下矿泉水。下次出门记得把纸巾这个项目加入出门检查清单上，这样就不会忘记了。"

孩子被这样的父母抚养长大，遇到事情时有以下特色：

1.态度冷静而不慌张，缩小事情影响层面及影响时间的长短。

2.着重在解决方案（到前面便利商店买）。

3.找到负面事件的正面意义（可以顺便买矿泉水）。

4.学到教训、累积智慧（要把纸巾这个项目加入出门检查清单）。

不要小看自己对日常小事的反应，你的所思所想、所作所为都会影响孩子遇到挫折时第一时间的反应。如果你希望孩子能够拥有高逆境智商，一定要先提高自己的逆境智商。

本章末"给父母的逆境分析SOP"，不仅可以让家长带领孩子提高逆境智商，也可以让家长在日常生活中自行应用。家长自己多练习，养成自我检查的习惯，就能逐步改掉低逆境智商的反应模式，才有能力进一步去协助孩子发展出高逆境智商。

关键4　父母管教风格会影响孩子的逆境智商

爱迪生对于发明电灯泡一百多次实验失败的评论："我并没有失败，我现在已经知道有一百种方法是无效的。"这就是高逆境智商的展现。事实上，爱迪生的妈妈也有很高的逆境智商。

爱迪生小时候就展现出勇于实验的精神，知道气球之所以上升是因为氢气，他就突发奇想把另一个小朋友抓来，把氢气从这个倒霉小孩的嘴巴灌下去，这个小朋友差点没命。如果你是爱迪生的父母，你会怎么处理？

如果爱迪生的妈妈是权威型父母，一定会大骂爱迪生，开始翻旧账，数落爱迪生之前一大堆烂账，骂他没有出息。爱迪生可能因而自尊心受损，不但不能提高逆境智商，还会丧失实验精神，不敢再做实验，下次遇到困难时更加害怕，抱头鼠窜。我们就此失去了一个伟大的发明家，人类的历史可能就此改写。

如果爱迪生的妈妈是放任型父母，很有可能会怪邻居小孩怎么不懂得拒绝或反抗，还跟爱迪生去做实验，然后和对方父母争吵不休。这样爱迪生可能不会知道实验不能乱做，以后做实验或许更肆无忌惮，迟早会闹出人命，吃上官司。这样一代伟大发明家在大放异彩之前，就先夭折了。

如果爱迪生的妈妈是疏离型父母，很可能对整件事置之不理。爱迪生可能会被邻居父母抓去打一顿，从此爱迪生会不知道什么实验可以做，什么实验不可以做，他可能会产生自艾自怜的倾向，变得愤世嫉俗，丧失原本乐观进取的精神。我们今天也无法享受电灯这项伟大发明。

所幸爱迪生的妈妈是威信型父母，她非常了解爱迪生这么做不是因为调皮捣蛋，也不是他跟邻居家的小孩有仇，爱迪生只是纯粹想做实验去验证自己的推测，他并没有任何恶意，只是不知道这样会酿出大祸。于是爱迪生的妈妈好好开导了爱迪生，要他注意慎选实验对象，避免可能引起的不良影响，所以爱迪生的实验精神虽然遭受到打击，却也学到谨慎小心地去验证自己的理论假设。幸亏爱迪生有个伟大的妈妈，他才能这么杰出，遇到逆境时还能说出："我并没有失败，我现在已经知道有一百种方法是无效的。"

由此可知，不仅父母的身教会影响孩子逆境智商的高低，父母的管教风格也会造成莫大影响。

权威型父母不去了解孩子的正面动机，动辄怪罪，以负面言语责惩孩子，所以容易教出害怕失败的孩子。

放任型父母教出的孩子没办法从逆境中累积智慧，因为放任型的父母可能会跟孩子一起抱怨、责怪其他人，不但没有协助孩子去解决问题，反而把事情越搞越糟，孩子也没学到如何面对挫折。比如说孩子突然有一科考不好，父母就去怪老师没教好，考试题目没办法测出学生实力，剥夺了孩子自我反省的能力。

疏离型父母根本不理会孩子的状况，把孩子置于孤立无援的状态，增加其无助感，孩子会更加愤世嫉俗，逆境处理方式也容易走偏。

唯有成为威信型的父母，才能在孩子遇到挫折时，以不打击其自信的方式，带领他从负面事件走出来，学到智慧，提高逆境智商。

给父母的逆境分析SOP

——陪孩子走出负面情绪

威信型父母不对孩子恶言相向，也不蓄意偏袒孩子，而是陪孩子走过问题，协助他慢慢培养出逆境智商。多练习，你的孩子一定可以拥有高逆境智商！

威信型父母不对孩子恶言相向，也不蓄意偏袒，请参考以下逆境分析SOP，陪孩子度过这些问题，协助他慢慢培养出逆境智商。多练习，你的孩子一定可以拥有高逆境智商！

实例应用

就读小学二年级的芊芊各科成绩一向不错，平均有九十分以上。可是今天芊芊的数学却只考七十五分，芊芊看起来有点讶异，不知所措，也非常沮丧，还偷偷哭了一场。芊芊的妈妈属于威信型父母，于是她用这份问卷去协助芊芊。

逆境分析SOP

找出真正原因

接受最坏的结果

损坏控制

累积智慧

一、找出真正原因：

- 造成这种情况的是谁？是什么事物？
- 还有谁或什么事物造成这种情况？
- 什么是你的错？你该负多大责任？

二、接受最坏的结果：

- 这种情况最坏的结果是什么？
- 这种情况的结果最坏会持续多久？
- 在最坏的情形下，对你的人生有多大影响？
- 你可以接受最坏的结果吗？

三、损坏控制：

- 有什么证据显示你没有办法控制这种情况？
- 你如何重新获得控制，并减少破坏范围，缩短影响时间？
- 你应该先采取什么步骤？

四、累积智慧：

- 从整起事件，你学到了什么？
- 所有负面事件都有其正面性，你可以看到这件事的正面意义吗？

逆境分析SOP实例应用

一、找出真正原因：

◆是谁造成这种情况？是什么事物？

· 是我最近没有好好做数学习题，所以才没有考好。

◆还有谁或什么事物造成这种情况？

· 这次老师的题目出得比较难。

◆什么是你的错？你该负多大责任？

· 好像还是我的错比较大。

找出真正原因

二、接受最坏的结果：

◆这种情况最坏的结果是什么？

· 就是这次班上排名应该会退步。

◆这种情况的结果最坏会持续多久？

· 应该就是这一次吧！

◆在最坏的情形之下，对你的人生有多大影响？

· 想一想，好像也没有那么严重。

◆你可以接受最坏的结果吗？

· 应该比较可以接受了。

接受最坏的结果

三、损坏控制：

◆有什么证据显示你没有办法控制这况？

· 好像是可以控制的，只要我能够像从前一样按时做习题。

◆你如何重新获得控制，并减少破坏范围缩短影响时间？

· 少看一点电视，或许应该要先做完习题，再看卡通。

◆你应该先采取什么步骤？

· 可能要请妈妈每天先把我喜欢的卡通录起来，这样我做完功课就可以看了。才不会功课做一半就去看电视。

损坏控制

四、累积智慧：

◆从整起事件，你学到了什么？

· 还是不要投机取巧，稳扎稳打比较安全。

◆所有负面事件都有其正面性，你可以看到这件事的正面意义吗？

· 可以。我想我下次不会随便偷懒了。

累积智慧

扩大"接纳区"，秉持"没有失败，只有反馈"的心态

我父亲的思想很具老庄风格。我小时候，发生很开心的事，会兴冲冲或甚至得意扬扬地跟爸爸提，他有时候会说："不过这也会有坏处，比如说……"当场我就觉得很扫兴。而当我有很不开心的事，垂头丧气跟他说，他会说："这其实也有好处，比如说……"

我那时候不太懂父亲的老庄哲学，直到年纪稍长之后，才比较明白他话中的深意。的确，塞翁失马，焉知非福。再好的事物，也有其阴暗的一面；再不好的事物，也很可能是生命的一个善意提醒。就如乔布斯所说："被苹果开除，是我这辈子发生过最美好的事物。"这个挫折，让他省思了自己的问题，也让他的人生进入了充满创意的时期。

我的父亲也会说："要扩大'接纳区'。"我一开始也不太懂他的意思。后来我慢慢明白，人生不是什么事都可以像读书那么顺利，只要努力，一定或多或少有所收获。**我们会设定人生目标，但是如果目标过于特定或狭隘，达不到就会气馁。这时扩大"接纳区"就是很重要的人生智慧。**比如说：一定要小孩子考好成绩，为的是什么？希望他人生能够过顺

利一些。那除了这次成绩考好，还有别的方式吗？有啊！培养孩子的七大成功特质。再不然，这次考不好，下次考好也还来得及啊！这就是扩大"接纳区"的展现之一。

当我慢慢将自己的脑袋从黑白分明的模式，转到父亲的老庄哲学智慧，我发现自己的逆境智商提高了。**我开始能够把一次"失败"，看成是一个"反馈"信息。一条本来以为走得通的路，碰壁后我会去想，问题出在哪边？下次我要怎么改善？我现在的策略有什么需要调整的地方？因为我开始明白，我不再需要在每一件事情上都达到原本预设的目标。**

我会拓展原本设定过窄的目标，并整合反馈信息，调整自己。这从演化心理学的角度来看，有机体就是需要不断适应环境，做出应对，才能够生存下来。逆境智商，讲的就是这么一回事。

我们必须承认，现实中有太多不可预测的因素，有时候真的需要下去试过，才知道如何调整。或许可以这么说，乐谱上乍听戛然一声、难以入耳的音符，在时间洪流中或许真的可以慢慢串成一首美妙的小步舞曲。只要我们能够秉持着"没有失败，只有反馈"的高AQ心态，就有这个可能性存在。也像贾伯斯所说的"只有当你往后看的时候，你才能够把过去的点点滴滴串连起来"，谱成一首美妙的生命舞曲。

当我们能够体悟，好与坏，不似我们眼中那样泾渭分明，就能够更加平和地去处世与待人。当我们能够从黑暗中看到光明的可能性，也才能够持续坚定的步伐，不因一时困塞而失志。

"逆境智商"教养检查表

衡量项目	YES	NO
1.孩子遇到挫折时，指出这个挫折可能会带给他的好处		
2.孩子遇到挫折时，陪同孩子找出最坏的可能性，问她是否有想象中的严重。开导孩子没那么严重		
3.孩子遇到挫折时，陪同孩子思考可能的解决方案		
4.陪同孩子做事后检讨，找出事情发生的原因		
5.之后遇到类似情况时，提醒孩子之前学过的教训，以预防不好的结果		
6.以上的思考方式，您是否也应用到自己的日常生活中？记住，以身作则的力量是最大的		

Chapter 7

独立思考

教育孩子去学习"判断"，勇于逆向思考

"父母教养风格VS孩子独立思考能力"比较表

父母类型	思考模式	孩子的独立思考能力	独立思考智商
权威型	要孩子全盘接受父母的观点	欠缺独立思考能力，容易接受别人看法，人云亦云	低
放任型	倾向认为孩子的观点是对的	无法深入事情真相，认为自己的看法一定是对的，容易变得刚愎自用	低
疏离型	不在乎孩子怎么想	思考可能会偏差，但无人纠正	低
威信型	引导孩子去思索事情的真相，以决定未来的行动	深入探讨事情的实相，勇于逆向思考，走出不一样的风格	高

顺从，也可能是一种盲从

太听话的孩子过于顺从，不见得能够发展出强大的独立思考能力，又容易受他人影响。与其要孩子现在乖乖被父母管，长大乖乖被他人管，不如刺激他们去思考、判断，才能激励孩子走出自己的人生。

有一种毛毛虫过着团体生活，每次出外觅食，都会由其中一只带头，其他则一只跟着一只很有秩序地排成一列往前走。法国昆虫学家法布尔（Jean Henri Fabre）把这些毛毛虫放到花盆旁边，让它们首尾相接围成一个圆圈，然后在离它们约六英寸的地方洒了松针（也就是毛毛虫最喜欢的食物）。

这些毛毛虫一直跟着前面一只毛毛虫不停地走，一圈又一圈绕着花盆边缘行走。不吃不喝过了几天，守纪律的毛毛虫始终没有乱了队伍，最后终于饿死了。临死之前还不知道食物就在离它们六英寸这么近的地方。

于是法布尔感叹地说："只要有一只毛毛虫能够不盲从，就可以拯救自己及其他同伴的命运，可惜没有一只做得到。"

相信大家看完这个故事，都会觉得这些毛毛虫真笨。可是社会上这样的人可不少，比如，某一行业特别热门时，学生就一窝蜂争相考取相关科系。结果呢？有时候非常不幸，学生毕业时这行业刚好走下坡，大学四年简直像是白念了。还有，社会上流行某热门投资对象时，不少人也会前仆后继地跟进。结果呢？到最后发现是市场主力为了出货放出好消息，当散户发现苗头不对想亡羊补牢，却为时已晚，下场往往是惨遭套牢。这听起来不是很像毛毛虫的故事吗？

还有钻石这项商品，其实也是靠营销以维持高价格、高品位的形象。"钻石恒久远，一颗永流传"，是大家朗朗上口的广告词。在强力营销下，钻石象征了女人向往的永世爱情、男人欲夺的财富与地位。所以结婚、生日送钻石是屡见不鲜。可是，《血钻》这部电影揭露了钻石取得过程之血腥与不人性的真相，根据塞拉利昂共和国内战的纪录片，因为钻石所带来的财富，导致非洲超过六百万人无家可归，三百多万人死于战乱，更有许多妇孺因为无意间发现秘密挖矿的地点，而被剁掉手脚。钻石商大力营销钻石、人们买账，造成钻石需求居高不下，抬高了钻石价值，也造成争夺钻石矿时，牺牲、伤害了无数生灵。

英国当代思想家诺瑞娜·赫兹（Noreena Hertz）的著作《当企业购并国家》（经济新潮社出版），写到全世界前一百大经济体有五十一个是跨国企业，四十九个是国家政府，显示企业权力与日俱增、甚嚣尘上。企业通过政治献金、利益团体关说及舆论压力取得愈来愈多的政治影响力，将国家政策及税制导向对自己有利的方向，造成国家税基遭侵蚀，由小老百姓承担沉重税负，政府也负债累累。

这就是大资本家运作的方式，往上影响政府决策，往下通过营销，甚至是专业机构去塑造、影响广大消费者的偏好与价值观。所以我们每听到一个信息时，不要傻乎乎地就相信，才不会轻易被人玩弄于股掌之中。

当你没有独立思考能力时，你很容易就被影响操弄。

拿破仑·希尔认为："人性中普遍存在的两个相反特质：轻信及断然不信他们不了解的事物，都是思考的绊脚石。"人们轻信钻石美好的广告，造成许多黑暗角落的血腥事件；人们因不了解天文理论而不愿接受哥白尼的地球绕日说，造成伽利略因拥护哥白尼学说而遭宗教迫害，终身监禁。所以为毛毛虫故事莞尔一笑时，我们也该谦卑自省，自己是否也成了日常生活中的毛毛虫？

教孩子在细微处创造竞争优势

成功人物不会乖乖跟着其他毛毛虫盲目前进，他会经过自己的判断才决定是否跟着大家走。《台塑打造石化王国》（天下文化出版）提到王永庆十七岁自行创业开了一家米店，那时候米商的稻米混有沙子和米糠，大家都习以为常、见怪不怪。王永庆却细心筛掉沙子和米糠，力求质量；还进一步调查客户的需求，看客户家里有多少人、需要多少米，客户的米快用完时就主动补货、送米上门。

看到这一段，深觉王永庆之所以能够建立起庞大的企业帝国是有道理的。除了运气，他真的非常踏实，也非常有自己的想法，能够在细微处去创造自己的竞争优势。这不正是独立思考的能力？

后来王永庆觉得卖米不管多勤奋，规模毕竟有限，他发现上游厂商因为竞争少，获利也较好，便开了一家碾米厂。这再次展现了少年王永庆的智慧与思考能力，他真的不是一只只会跟随的毛毛虫。

《总裁狮子心》也提到严长寿在美国运通工作时，公司因为经年亏损而要收掉台湾分公司，那时只是业务的严先生却提出一个崭新的概念，要美国运通做"旅行社中的旅行社"，既不需和本地业者竞争，还可善用本地业者的人脉去创造生意，让台湾分公司在一年内赚回之前五年的亏损，因而晋升为美国运通台湾区总经理，那一年他才二十八岁。严先生展现的，也是独立思考能力。他不循着前人失败的脚步前进，另辟成功蹊径。

由此可见，**成功人物不会人云亦云、随波逐流**。他们的思考模式异于常人，当他们乖乖跟着前人走，不是因为盲从，而是经过思考之后的决定；当他们觉得前人所做并不合理而有改革空间时，则会在适当时机出手。归纳来说，他们有以下特色：

1.从危机中看出转机，从平淡中看出潜在机会，不会任情绪波动或他人行为影响心智判断力。

2.能够分辨事实和感觉、假设、谣言的不同。事实是已经发生或正在发生的事，而感觉、假设或谣言都是未经证实，在证实前会先在内心打个问号，不会妄加相信。

3.听取他人言论时，会以自身经验或逻辑法则加以判断，以免落入错误的思考方向。

4.有人企图影响他们时，会以审慎态度去面对，推测对方动机、搜集事实以了解真相。

孩子不听话，一定不好吗

如果你的孩子老是有自己的意见，这代表他正在学习如何"判断"，经由判断，有了自己的看法，这就是独立思考的开始。如果孩子只是为反对而反对，要他往东他就故意往西，这个就是叛逆，不能称之为主见或独立思考能力。

常听父母抱怨："我家的孩子老是不听话。"孩子不听话，一定不好吗？有些父母管教孩子巨细靡遗，规则繁复无比，孩子爱好自由、不事事听从，也是可以理解的。其实，如果你的孩子老是有自己的意见，不见得不好。**这代表你的孩子正在学习如何"判断"，经由判断，有了自己的看法，这就是独立思考的开始。**

如果你的孩子乖得不得了，你反倒要担心了。通常父母会非常高兴自己的小孩很乖，叫他做什么就做什么。可是从另一个角度来看，如果小孩习惯听大人的话，什么都照大人的意思去做，会养成"被管"的习惯，可能会变得比较被动。这样长大后，就容易被别人管，而不是去管别人，变成了一只服从、跟着前面爬的毛毛虫。

盲点1 扼杀孩子的观点等于扼杀他的能力？

犹太人也是认为，扼杀孩子的观点就等于扼杀他的能力。以色列学者曾经花将近二十年追踪有反抗期现象的孩子及没有反抗期现象的孩子，发现前者长大后的自主性较强，而后者长大后，多半缺乏自主性。犹太人认为父母施予太大压力，孩子容易过于温驯、养成固定形式的人格。所以不会跟父母说"不"的孩子，父母反而应该要担心。

所以孩子不听话，是好还是坏？不见得是坏喔！如果孩子非常有主见才不听话，恭喜你，你养的是一只幼狮而不是哈巴狗。幼狮会长成森林之王，哈巴狗虽然可爱无比，可是注定一生必须讨人欢心，到处摇尾巴。

你要把孩子教成一只哈巴狗，还是未来的森林之王？

盲点2 孩子是有主见、固执还是叛逆？

当比尔·盖茨决定要从哈佛退学创业时，比尔·盖茨的妈妈大力阻止却未见成效，相信那时候他的妈妈一定觉得他非常固执。现在我们才说比尔·盖茨当时真有主见，创立了今天的微软，不过是事后诸葛。可见主见和固执，并不容易区分。主见可谓之"择善而固执"，如果只是顽固，一意孤行，就不算是主见了。

那什么又是叛逆呢？如果孩子只是为反对而反对，要他往东他就故意往西，故意要和父母作对，这就是叛逆，不能称之为主见或独立思考能力。这代表父母和孩子的互动模式出了问题，可能是因为太宠所以变得任性，也可能是因为太压制，导致孩子的反抗，也有可能是想引起大人的注意。必须视个别状况而定。

所以孩子不听话，父母应该高兴与否，就看孩子是有主见，还是固执或叛逆，差之毫厘，失之千里，不可不察。我听过一个故事，一对夫妇带着小孩到朋友家做客，小孩在院子玩了满手泥巴，跑到客厅往主人沙发上一擦，小孩的父母竟然还赞扬这个孩子："好有创意喔！"我相信明理的人都知道这个不叫创意，而是没教养。喜欢敝帚自珍的父母，千万要慎辨孩子呈现的是正面特质还是负面特质。

只要小孩不是为叛逆而叛逆，不是冥顽不灵，而是有自己的看法和想法，父母应该学会尊重孩子的意见，才不会抹杀孩子正在萌芽的独立思考能力。如果你的孩子是属于这种"不听话"类型，那你就有福气了。

盲点3 **不要压制孩子的幼稚想法，要加以引导**

美国康乃尔大学的维克教授做过一个实验，他把一个玻璃瓶平放在桌子上，让瓶底朝向窗户，也就是亮光处，瓶口则朝向幽暗的室内。然后他放了几只蜜蜂进去瓶内，结果蜜蜂一直朝亮光处的瓶底碰撞，丝毫没有注意到瓶口在另一边。经过几次努力，蜜蜂终于明白亮光只是出口的假象，就停在亮光处，不再尝试。

维克教授把蜜蜂抓出来后，放进去几只苍蝇，瓶底依然朝窗。没想到一下子苍蝇就飞出瓶口，逍遥地展翅一飞、不见踪影。为什么苍蝇可以快速找到出路？原因无他，因为苍蝇多方尝试，往左往右、往上往下、往前往后地试，而不局限于蜜蜂所执着的亮光处，所以一下子就发现瓶口的出处，获得自由。

维克教授的结论是："这个实验说明了唯有勇于冒险、不断尝试、不被假象迷惑，才能帮助我们面对变化万千的局势。"

的确，很多时候，答案往往隐藏在不引人注意的幽暗角落，显而易见的答案不见得就是真正的解答。蜜蜂的思维方式是单向的，苍蝇的思考模式是多变的。乖巧的孩子往往就像蜜蜂，一个口令一个动作；而拥有独立思考能力的孩子，可以看破众人执着的假象，经由思考撞击、行动尝试，最后找到通往成功的大门，就像成功逃脱的苍蝇一样。

不要从小就训练孩子只往亮光处飞，在不危害其他人及自己的前提下，让他有自己想法的空间。即使一开始孩子的看法有点幼稚，父母还是不要压制，反而要引导他。这样的孩子长大后，不会像蜜蜂一样不知变通地只往特定方向尝试，也不会如毛毛虫一样只跟着前一只爬，这样的孩子长大后，会很不一样。

甚至可以进一步问一些孩子平常不会去想的问题。像是孩子要到麦当劳吃东西、买玩具，你可以开始让他了解商业行为的运作，问他们："为什么吃快乐儿童餐，麦当劳叔叔会送你玩具呢？"

小孩子可能会回答："因为麦当劳叔叔人很好啊！"

你可以回答："麦当劳叔叔人很好是没有错，可是还有没有其他原因呢？"

　　有的小孩可能会自己想出答案，如果想不出来，你也可以和蔼地提示他们："因为这样你就会喜欢来麦当劳吃东西，爸爸妈妈付钱给麦当劳叔叔，他就赚到钱了。"

　　举这个例子不是要孩子不去麦当劳吃汉堡，而是**要锻炼孩子了解别人有别人的需求，我们也有自己的需求，如果觉得这样的交易是我们想要的，还是可以去做**。问这些话、做这些脑力练习不是为了反资本主义，而是促进孩子多思考，不要停留在事情表面，不要只跟着自己的欲望走，或者只跟着流行。**这样孩子自然会慢慢发展出独立思考能力，知道别人要什么，也知道自己要什么，逐渐走出自己的路。**

该如何训练孩子的 "独立思考能力"

如果孩子不懂事，大人有责任把孩子教好。但是有些大人只靠权威方式勒令孩子遵命；反之，有些大人循循善诱，说之以理。前者可能会剥夺孩子独立思考能力的培养，而后者提供孩子独立思考能力成长茁壮的沃土。

中华传统文化非常强调小孩子要乖，要听话。我不这样认为。

当我们训练孩子全盘接受大人的思想时，孩子长大之后必然欠缺独立思考能力，只会接受媒体灌输的信息，且人云亦云。这样对孩子有害无利。

当然，如果孩子不懂事，大人有责任把孩子教好。但是有些大人只靠权威方式勒令孩子遵命；反之，有些大人循循善诱，说之以理。前者可能会剥夺孩子独立思考能力的培养，而后者提供孩子独立思考能力成长茁壮的沃土。

所以，当孩子做了一个决定，我觉得不妥时，我通常会循循善诱，问他们为什么要这么做，然后从不同角度询问他们的决定是否妥当。让他们慢慢学会从不同角度看事情，这样就会慢慢增强孩子的独立思考能力了。

更有甚者，当孩子为某事非常开心，但其中有隐忧时，我会提出反面的意见，以平衡其偏颇之看法。或者孩子为某事非常难过时，我会给他安慰，让他们明白，再坏的事可能都有好的一面。透过这样反复不断的训练，自然而然去增强孩子的独立思考能力。以下我举一个独立思考训练的SOP给大家参考。

独立思考训练SOP，引导孩子学会思考与判断

威信型父母不会要孩子一味盲从，你可以挑一些生活中常见的事情，借由以下五个步骤引导孩子的思考，训练孩子的独立思考能力：

第一是要先了解现况。第二是要反方向思考，借由逆向思考找出可能的机会，或者是隐晦不明的真相。第三是厘清别人的动机，以及自己的动机，因为动机与真相往往有所连接，动机也与机会有密不可分的关系。第四是不可或缺的一个步骤，我们不能只凭借自己的推断，就认定事实一定跟我们想象的一样，所以找寻证据或者设计实验去检验假设，是绝对必要的。然后根据最后的真相，参照自己的喜好，做出通盘的决定。这样的决定才不会过于肤浅，沦为人云亦云的产物。

每周至少帮孩子做一次这样的练习，你会发现，孩子看事情的角度会愈来愈深入，不再停留于表面虚华的理由。这样的孩子，将来长大后一定会不一样！

独立思考训练SOP

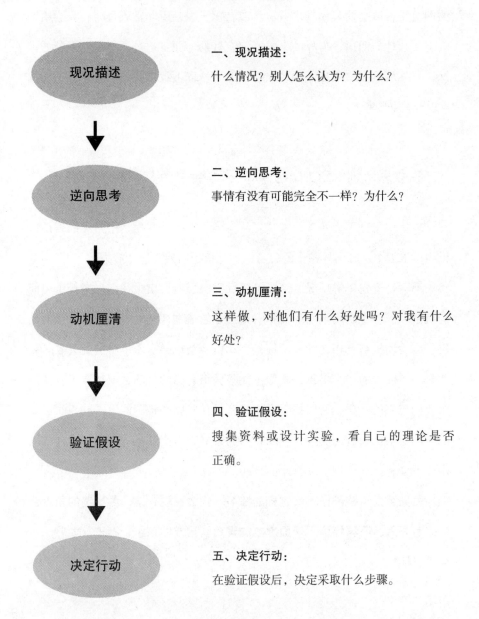

现况描述

一、现况描述：

什么情况？别人怎么认为？为什么？

逆向思考

二、逆向思考：

事情有没有可能完全不一样？为什么？

动机厘清

三、动机厘清：

这样做，对他们有什么好处吗？对我有什么好处？

验证假设

四、验证假设：

搜集资料或设计实验，看自己的理论是否正确。

决定行动

五、决定行动：

在验证假设后，决定采取什么步骤。

实例应用：王永庆卖米的心得[①]

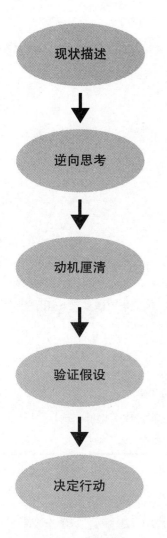

现状描述

逆向思考

动机厘清

验证假设

决定行动

一、现状描述：

米商的稻米混有沙子和米糠，大家都习以为常、见怪不怪，因为每家米商都是这么做。

二、逆向思考：

我可以把沙子和米糠挑干净，只是比较麻烦费时。可是如果我这么做，可能可以找到更多客户跟我买米。

三、动机厘清：

其他米商不把沙子和米糠挑干净，因为他们觉得没有必要，也不想花时间。不过我想这么做，因为这样或许可以吸引更多客户跟我买米。

四、验证假设：

我挑好了一大袋米，把米糠和沙子都去除了。我问原本不跟我买米的客人要不要买，不少人看过我卖的米，都决定跟我买。

五、决定行动：

我决定从此之后要细心筛掉沙子和米糠，力求质量。相信这样客户就会多了起来。

---

① 此思考流程纯属作者根据手上资料臆测，为的是提供一个案例让大家了解这独立思考训练五步骤的运用，王永庆本人当时的想法可能与这里的描述有所出入。

实例应用：购买"快乐儿童餐"，才能"免费"得到玩具

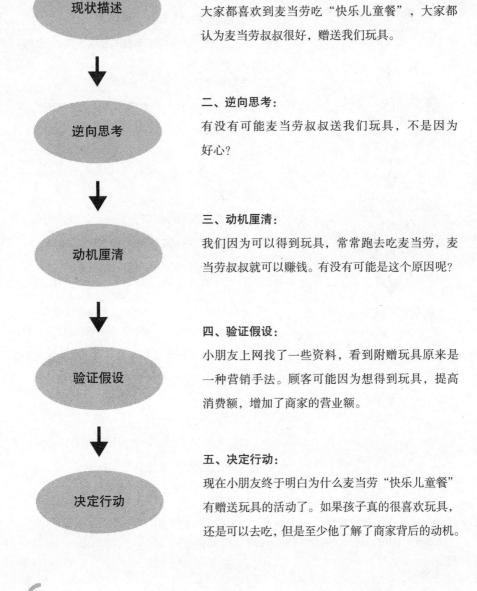

一、现状描述：

大家都喜欢到麦当劳吃"快乐儿童餐"，大家都认为麦当劳叔叔很好，赠送我们玩具。

二、逆向思考：

有没有可能麦当劳叔叔送我们玩具，不是因为好心？

三、动机厘清：

我们因为可以得到玩具，常常跑去吃麦当劳，麦当劳叔叔就可以赚钱。有没有可能是这个原因呢？

四、验证假设：

小朋友上网找了一些资料，看到附赠玩具原来是一种营销手法。顾客可能因为想得到玩具，提高消费额，增加了商家的营业额。

五、决定行动：

现在小朋友终于明白为什么麦当劳"快乐儿童餐"有赠送玩具的活动了。如果孩子真的很喜欢玩具，还是可以去吃，但是至少他了解了商家背后的动机。

独立思考，学会保护自己，不盲目相信

从小到大，爸妈给我许多思考上的自由。虽然他们会提供自己的看法，但是从来不会限定我看事情的角度。举例来说，小时候妈妈常常跟我说，男女平等。我听了也觉得很合理。可是有一次，我和爸爸一起搭公交车从旗山到高雄市。我说男女平等，爸爸不以为然。我们两个就一直辩论这个话题，车程一个小时，我们就辩论了一个小时，整车的人都在听我们辩论。记得那时候我才小学四年级左右。

说这个小故事，重点不是男女是否平等。而是现在回想起来，那时候我那么小，爸爸竟没有强迫我接受他的观念，他只是陈述他的观点，和我辩论。我就像个小大人一样，和他用不同观点为自己的立场辩护。由小见大，见微知著，我父母在那保守的年代，可以说是相当开明的。后来我长大后知道，犹太人家庭教育十分鼓励孩子们在饭桌上进行辩论，不由得让我想到爸妈的自由作风，给了我独立思考的成长空间。

后来，出了社会之后，我发现不管是人或团体，大家有各自的意识形态或各自的利益要维护。如果只是听对方的陈述就全盘接受，就是盲目相信。英文有一句话是：Read between the lines。意思就是说，要读出对方没有说出的信息。要做到这一点，除了听对方的话之外，还要搜集各方面信息，从对方立场去想象他为什么说这样子的话，他的动机为何，这样比较接近真相，决策也才会比较准确不失真。

因此，我很感谢父母给我一个自由思考的成长环境，也让我有了发展独立思考能力的可能性。

读书是单纯的，而社会是复杂的。培养独立思考能力，可以协助孩子保护自己，降低被他人操纵的概率。

"独立思考能力"教养检查表

衡量项目	YES	NO
1.当孩子对事情只抱持一种特定看法时，尝试从不同角度去询问他，是否还有其他可能性，和他当初想的不一样		
2.当新闻报道政治人物的言论时，可以陪同孩子分析其背后的动机，是否和其表面不同		
3.反省自己身为父母，是否也不假思索接受媒体报道		
4.自己是否也从多种角度看待一件事情		
5.自己是否也能够超越他人表面冠冕堂皇的言论，看到其背后可能的动机		

Chapter 8

人际关系

教育孩子"打开手心"，
跟大家分享他拥有的一切

父母类型	人际相处教养方式	孩子的人际关系	人际智商
权威型	严格要求孩子有礼貌、守规矩、信守承诺，但倾向负面思考的教导方法，容易使孩子不易散发吸引人的正面特质	孩子倾向严肃拘谨，不容易和人打成一片。如果父母过于严格导致孩子叛逆反抗，可能会造成孩子"为反对而反对"的心态	低至中等
放任型	倾向于否定他人、肯定孩子，容易让孩子觉得自己的需求比其他人重要	容易让孩子有自我中心的倾向，认为世界是绕着他转；比较没有同理心、不懂得尊重他人，可能会过于骄纵、颐指气使	低
疏离型	不会花费心思去教导孩子如何与人相处，但这事不关己的身教会让孩子变得冷漠	孩子可能会因为自信不足而显得畏缩害怕，也有可能带上防卫面具显得冷漠疏远、愤世嫉俗，不利人际关系拓展	低
威信型	引导孩子去尊重别人的自由与空间，与人为善，追求"双赢"而非"零和"	孩子懂得为他人着想，欣赏别人的优点，尊重他人，信守承诺	高

"父母教养风格VS孩子人际关系"比较表

人际关系决定孩子未来的发展机会

《财星》杂志一项调查指出，经营者的成功第一要件是"与人相处的能力"。为什么人际关系对个人成功有关键性的影响？要怎么做，才能让孩子培养出高人际智商？观念其实很简单，但是有多少人做得到？如果大部分的人做不到，你的孩子却做得到，成功指日可待。

如果你遇到一个人有以下特质，你是否会跟他相处愉快？

一、具有同理心，能够设身处地为你着想。

二、跟你说过的话一定算数，不会出尔反尔。

三、能够欣赏你的优点，并适时赞美。

四、尊重你的喜好与你表达不同意见的自由。

五、时常微笑，不会每天苦瓜脸。

六、乐于助人，不吝惜付出。

七、懂得感谢你的辛劳与付出。

这个人遇到困难时，你会不会帮他？当你有好机会可以介绍给朋友时，你会不会跟他说？如果有人具备了以上所有特质，你不喜欢他也难。

什么样的人人际关系良好？这样的人，人缘最好也最容易成功。那么，何不把你的孩子教成这样的成功人士？

你看过孤僻但获致成功的人吗？你看过人际关系良好却穷途潦倒的人吗？关于这两个问题，我相信一般答案是否定的。另一方面，大家应该观察到不少成功者因为人际关系良好，得以飞黄腾达。《财星》杂志一项调查指出，经营者成功的第一要件是"与人相处的能力"。为什么人际关系对一个人的成功有关键性的影响？

人类毕竟是社会性的动物，不能离群索居。成功除了必须努力打拼之外，来自人际关系的机运是不可或缺的。升阳电脑教育训练服务总经理洪志鹏在《最后的江湖道义》（宝瓶文化出版）一书《给毕业同学的演讲稿》里提到，大学毕业十年后看同学们的成就高低，第一要素就是"运气"。而运气从哪里来？我的看法是，第一，人家要给你机会；第二，你自己要选对机会。**如果你人际关系不好，人家会主动给你机会吗？当然不会。这样你能选择的机会就变少了，你的成就就有限了，这是自然的道理。**

洪志鹏在书中也提到："经营人际关系很简单，就是做人成功、待人真诚、讲义气，而且工作表现好，让别人肯定你的工作能力。如果能做好这些，再配合上运气，想象不到的机运就会出现在你身上。"

拉高到另一个层次来看，我们并不只是为自身利益而去经营人际关系，其实与人为善是一种文化气质与深刻涵养的展现。**当孩子懂得去帮助别人、设身处地为他人着想、信守承诺，别人自然会尊敬他、信任他，甚**

至跟随他。孩子若能做到这一层次，人际关系不好也难。

教导孩子展现正面特质，诚心诚意与人相处

有人认为："我只要工作表现好，一定会成功。"

《与成功有约》的作者史蒂芬·柯维说："你不是一座孤岛。圆满的人生不仅限于个人的独立，还需追求公众的成功。"所以我们一定得培养孩子成功的人际关系。

有人认为："我很努力经营人际关系，常常到一些高层人物的聚会场所，想办法让他们注意到我。"

注意不等于欣赏，常常到重要人士聚会场所，不代表你一定会被拔擢。如果你本身没有办法展现出不同凡响的特质，这些大人物顶多只是觉得厌烦而已。所以教导孩子人际关系，不是只是多带他们去和别的小朋友玩，多接触人群。**教导孩子人际关系，是要教他们怎么做会让别人欣赏，让别的小朋友想和你的孩子做朋友，这才是正道，同时也是唯一的捷径。**

有人认为："培养好的人际关系很重要，可是我的时间有限，只有对我有利的特定人士才能得到我的帮助，我也只对他们说到做到。其他人，我常常只是随便说说，他们也不会当真。做人嘛，总是少不了场面话。"

把所有资源都投注在对自己有用处的人身上，或许短期内可以获致显

著成果，可是长期来说，就危险了。因为情况在变，人也在变，今天的敌人可能会是你明天急欲巴结的上司。我看过这样的例子，有人在大公司里掌管策略联盟的职责，仗着公司大，常常对小的合作伙伴蛮横无理。没想到昔日被欺负的合作伙伴竟被公司延揽，成为自己的顶头上司，可是之前的嘴脸已被洞悉，这下子可尴尬了。所以我们教导孩子，一定要跟他说展现正面特质，不是只针对对自己有利的人士才这样做。相反地，我们应该要教孩子诚心诚意地跟身边的人好好相处，不要为了眼前利益只对特定人士好，长期来看，对孩子才是最好的选择。

就像《给毕业同学的演讲稿》里提到："建立自己的好名声、给别人一个好印象，这是一步一脚印的耕耘，收割的时间是无法预料，但是一旦开花结果，就是令人意想不到的丰硕。"如果你的孩子能够做到这样，就像是拥有一张被加持过的护身符，在人生旅程上必能化险为夷，柳暗花明又一村。

教孩子拥有好人缘的正面心态

让我们再复习一次拥有良好人际关系的人所具备的特质：

一、具有同理心，能够设身处地为你着想。

二、跟你说过的话一定算数，不会出尔反尔。

三、能够欣赏你的优点，并适时赞美。

四、尊重你的喜好与你表达不同意见的自由。

五、时常微笑，不会每天苦瓜脸。

六、乐于助人，不吝惜付出。

七、懂得感谢你的辛劳与付出。

这七大特质可以简化为三个原则，也就是下图所示"好人缘的黄金三角"：

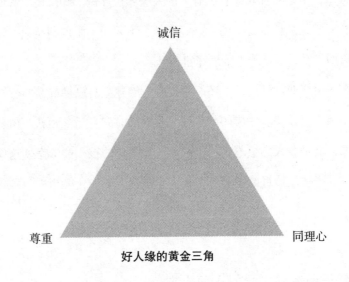

好人缘的黄金三角

　　"诚信"为人际关系的制高点，代表诚实、负责及说话算数。"尊重"与"同理心"代表人际关系两根重要而不可偏颇的支柱。"尊重"是指能够欣赏别人的优点，接纳别人不同的做法或意见；而微笑也可视为"尊重"特质的延伸。"同理心"代表设身处地为他人着想的能力，进一步发展出同情心、发挥一己之力帮助他人，在接受别人帮助时也能明了对方用心，懂得感谢他人。一个人能够做到这三项原则，人际关系不好也难。

心态1 坚守诚信原则

郭台铭曾说："王永庆是我最敬佩的企业家。有次我带儿子去见王永庆，王永庆送他两个字：'信用'。就是扎扎实实做事，讲得出来就要做到，不要好逸恶劳，才能学到更多东西。"

史蒂芬·柯维在《与成功有约》中说道："圆满人生不仅限于个人的独立，还需追求公众的成功。维系人与人之间的情谊，最重要的不是技巧，而在于诚信。"

纽约时报畅销作家约翰·麦斯威尔（John Maxwell）在《人际关系101》（智库出版）中提到："从小处着眼，每件事都要正直以对。"并引用一位朋友的话："人生的真实面就是，如果你无法全面地信赖某人，那么无论在哪一点上面，你都无法真正地信任他。"他认为："好的名声之所以存在，是因为它反映出这个人的品格。如果好名声像黄金般珍贵，那么，正直品格就像是拥有金矿。"他认为："如果我顾好自己的品格，我的名声就会顾好它自己。"

犹太教育专家杰弗里·布拉尼也说："在现实生活中，最受人欢迎的性格是诚实、正直、聪明、值得信赖。人与人之间的交往重在一个'诚'字。**诚实的孩子往往能赢得更多朋友，获得大家的喜爱。他们待人诚恳，对朋友不说假话，能把自己做的事情如实告诉父母，不弄虚作假，勇于承认错误，不说谎话骗人。**"

由此可见，不管是企业界的大师或者是成功学的大师，都认为"诚信"是人际关系甚至是成功最重要的基础。

以我们自身经验来说，如果有人说话不算话、做事不负责任，我们自然而然会对他有所保留，这是人之常情。所以我们一定要从小训练孩子的责任感及诚实的特质。

心态2 只有品德才能为人际关系技巧加分

我们之前讨论了几个对人际关系认知常见的误解，谈到过于注重技巧并不见得可以建立长远深厚的人脉基础，基本特质才是最重要的基石。无独有偶，美国也有类似的情形。史蒂芬·柯维做了一个非常有趣的对照，他说美国过去五十年来讨论成功的著作都很肤浅，讲的都是如何因应社会形象的技巧与如何成功的途径。这和美国开国到五十年前的一百五十年间的思潮大不相同，那时候的思潮可以富兰克林自传为代表，强调圆满生活与品德是密不可分的，唯有修养自己的品德，才会有真正的成功和快乐。史蒂芬·柯维把近五十年来的思潮称为"个人魅力说"，虽然这种思潮强调积极正面、有志者事竟成，确实有其价值，但也毫无避讳地鼓励玩弄手段、欺骗他人。例如运用技巧以赢得好感，伪装自己以套取情报。

史蒂芬·柯维说："即使我可以运用手段使他人投我所好，为我赴汤蹈火，或对我产生好感，彼此同仇敌忾；然而只要品德有缺陷，尤其是言不由衷、虚情假意，终究成不了大器。因为言不由衷会招致怀疑，到时一切的所作所为都会被视为别有用心。任凭再冠冕堂皇，甚至出发点再良善，如果不能获得信任，就算成功了也经不起考验。因此，唯有基本的品德能够为人际关系技巧赋予生命。"还有，"内在本质比外在言行更具说服力。这个道理人尽皆知，有人能获得完全的信赖，因为我们了解他的本性。**所以不论他是否辩才无碍或是长于人际关系，我们对他依然信任有加，而且与之合作无间"**。

这些掷地有声的智慧之语，的确对一般人际关系的错误观念有一针见血之效。

心态3　尊重他人，就是尊重自己

还没退休前，我在一所中学做辅导室主任。一些被学校老师公认为"坏孩子"的学生，都喜欢到我的办公室找我聊天。为什么？因为我能接纳他们，看到他们的优点，这就是所谓的尊重。

尊重不是压抑自己的不悦，假装欣赏别人，而是真的能够打从心底去了解一个人的优点，同时了解时机成熟时，孩子身上的缺点也会遭受考验，而有转化的机会，而我们会在一旁协助他们。

"不被尊重"是人际关系的杀手。马尔科姆·格拉德威尔（Malcolm Gladwell）在《决断2秒间》（时报出版）提到，心理学家做过一个实验：观察一对夫妇互动十五分钟，就可以预测出这对夫妇最后的结局。他们发现"不尊重"是夫妻关系最大的杀手，当夫妻互动显示出一方无法尊重另一方，离婚率最高。

我也听小女儿说过，他们公司的企管顾问讲师以前担任高阶主管时，有时因为公司政策必须解职部分员工，或者员工不胜任必须请他走路，这位老师都能处理得相当好，甚至好几个被请走的员工还会找他吃饭，跟他说以后有机会还想为他工作。为什么有人为员工加薪还闹得不愉快？有人请员工走路还深受爱戴？重点就在"尊重"这两个字。有些公司虽然发高薪，对员工却有如使唤家奴，人家难免会不平。但这位企管顾问对员工十分尊重，不仅先给员工机会改变，改变不了就好好跟他们解释为何必须请他们走，还帮他们做好未来的职场规划。员工感受得到诚挚的态度，因而一直与之前的上司保持联络。

这也让我想到美国做过一项调查：吃上官司的医生，往往不是因为医术不好，而是因为对病人及家属的态度不好，导致他们心生不满，找机会提起诉讼，造成医疗纠纷。不怎么有名但是和蔼可亲、尊重病人的医生，反而很少被告上法院。可见人们希望被尊重的欲望是多么强烈，不受尊重时，反应又是多么激烈。

我对我的孩子十分尊重，不会因为她们是小孩子就任意打骂。所以我的二女儿在《我们就这样进台大》里提到："爸爸给我们非常宽广的发展空间，我们极少因为不用功而被责骂；如果想学东西，只要是正当而有益身心的，他都鼓励我们去学、去玩。父亲很尊重我们的想法及决定，也因为如此，养成我独立解决问题的能力。"

我的小女儿也在书中这么说："**我很幸运有开明的父母，自幼尊重我的决定，即使有时我们想法相异，父母也不会强迫我接受他们的意见。他们会分析为何他们觉得另一个决定更好，但最后决定权还是在我身上。**因为他们从未在人生重大决定上强迫我，我也不会心生反抗，导致家庭失和……我感谢爸爸有让我选择我要走的路的雅量，让我不须和他大吵大闹以取得选择的自由。我更由衷地感谢爸爸让我自幼有选择的机会，所以长大后我相信自己有选择的能力。因为我了解选择的重要性，我也能给我身边的人更多自由。"

所以多多尊重他人，包括自己的孩子，会有意想不到的收获。

心态4　施展微笑的神祕力量

微笑也可以是尊重的延伸。卡耐基说过："对那些时时愁眉苦脸、闷闷不乐的人来说，你的笑容就如阳光穿过云层。因为**笑容是一个人善意的使者，可以使见到的人、生命都因此变得有希望**。那些处于压力之下的人，不论他们的压力是来自上司、顾客、师长、双亲或孩子，一个亲切的微笑可以使他们觉得一切并非完全无望——这世界仍然有欢乐存在。"

密歇根大学心理学教授詹姆士·马可涅说过："面带笑容的人，通常对处理事务、教导学生或销售商品等行为，都显得更有效率，也更能培育出快乐的孩子。"我的小女儿告诉我，她在小学时读到报纸上的一篇文章，里面提到微笑的神秘力量。从那一天起，她就常常提醒自己要多微笑；后来微笑成习惯后，她发现自己亲和力增加了，心情也变得更加开朗。这样利人利己的事，为什么不做呢？但是皮笑肉不笑可不会见效喔！人类的心灵非常敏感，大部分的人都可以分辨虚假的笑容和真诚的笑容有何不同。从极重视人际关系的保险业，就可以知道真诚笑容的价值：企管顾问郭泰在《从杜拉克到郭台铭的101个智慧》（远流出版）提到美国一位推销寿险的顶尖高手，年收入高达百万美元，其成功秘诀就在于拥有一张令顾客无法抗拒的笑脸。他刚进保险业时，上司要求他练习微笑，一开始都无法过关。经过苦练后，他悟出"发自内心如婴儿般天真无邪的笑容最迷人"，从而练成那张价值百万美元的笑脸。

只要多说"请""谢谢""对不起"，再加上适当的微笑，别人就很难跟你生气，也会不知不觉感染到你的正向魅力。

心态5 发展同理心与同情心，展现人类光辉的一面

西方有句谚语："了解一切，就能宽容一切。"这句话说明了同理心的强大力量。

世界名著《悲惨世界》描述一个遭社会遗弃、活在边缘的罪犯，自牢中被释出后，借住在一个神父家中。他趁夜深人静时偷了神父的两座银烛台，潜逃时却遭警察捕获。警察把这小偷抓到神父面前，没想到神父竟然平静地说："这两座银烛台是我给他的。"小偷目瞪口呆、不敢置信。因为神父的宽大，这偷儿洗心革面，后来还做了市长，做了许多善事。为什么神父可以这么戏剧化地转化一个人？因为神父看到了小偷内心只是因为贫穷、遭社会遗弃，所以自我遗弃，才做出这样的事情。

所以，当你拥有不错的正向智商，再加上深度的同理心，看到别人潜在的优点，激发出他们的正向力量，对方对你只会无限的感谢。当同理心

发展出来，身为人本有的同情心也容易被激发出来。**当你知道一个人为什么会有这样的行为，就不会用本来预设的立场去想他（人们太常预设立场了！且往往倾向负面假设），你就能够接纳他们，甚至尽一己之力去帮助他们。这样出自内心真诚的了解与帮助，是众人最喜爱的礼物。**

　　就如《心理辅导的艺术》提到："以欣赏的观点来寻求了解对方的方式，对方不只不会反对，甚至会珍视这种了解。因为如此不但提升了被了解者的威势，而且帮助他获得一种为人的价值感。这种了解打破了隔阂人之间的藩篱，暂时地，把一个人从其孤独存在中拉出来，并迎入另一个人的心灵中，且与之契合。就像是，旅行者在一个风雪袭击、寒冷旅途之后，被邀请进入另一个人的家中，在炉火旁安坐了一个小时……在这世上，很少有像'了解'这么受人欢迎的礼物了。"

　　史蒂芬·柯维提过，有天他在纽约的地下铁，看到一个父亲带了几个小孩，小孩在一旁喧闹，父亲却不闻不问。最后柯维忍无可忍，问那个父亲可不可以管一下他的小孩子，没想到这父亲竟然回答："是，我想我是该设法管管他们。我们刚从医院回来，孩子的妈妈一小时前才过世。我已经六神无主，孩子大概也不知如何是好。"柯维顿时怒气全消，十分替他难过，诚恳地向这位父亲致意，并问他是否需要帮忙。

　　这就是同理心的力量，当你了解一切时，就能宽容一切，进而去帮助他人。这是一个自然的过程，并不是古板乏味的教条，而是展现人类正向光辉的方式。难怪福特汽车创始人亨利·福特这么说："成功的人际关系在于你能捕捉对方观点的能力；还有，看一件事须兼顾你及对方的不同角度。"

心态6　紧握双手，拥有的最少

有些家长可能是小时候被占过便宜、吃过亏，所以不鼓励孩子帮助他人。**当孩子跟同学起冲突时，家长甚至还火上添油，唯恐孩子被占便宜而强出头，生怕别人拿了自家什么好处。可是"自私自利"是良好人际关系的天敌。**聪明的人，知道要先付出，才可能会有回报。就如古老经典流传下来的智慧训示："你要别人怎么待你，就得先怎么待人。"

网络上有这样一个故事：一位即将出嫁的女孩，向母亲提了一个问题："妈妈，婚后我该怎么把握爱情呢？"母亲笑了笑，从地上捧起一把沙子。女孩发现沙子在母亲的手里，圆圆满满，没有流失，没有撒落。接着，母亲用力将双手握紧，沙子立刻从母亲的指缝间流泻而下。当母亲把手张开，原来那捧沙子已经所剩无几，圆满的形状也早已被压得扁扁的，毫无美感可言。那位母亲是要告诉她的女儿：爱情无须刻意把握，越是想抓牢，反而越容易失去。

人生也是如此，如果你想要一直得到，害怕失去，正如紧握满手细沙，握得越紧，手中反而所剩越少。如果教导孩子自私，一直紧紧抓住自己的时间、金钱与知识，不懂得去和他人分享，这孩子到最后只有手上那一把稀少、失去生命力的细沙。

反之，如果孩子能够打开手心，跟大家分享他拥有的一切，不吝惜花

时间去帮助别人，人际关系自然会好，别人自然会反馈，孩子也会因为恢宏的气度而成功。

善心的人本着助人之心，不吝惜自己的贡献，也不会因为对方不守信用而毁了自己的承诺，因而提升了生命的境界，扩大了个人的格局。这样的人，才能够拥有良好的人际关系。不要教孩子做双手紧握住沙子的人，因为这样的人拥有的沙子最少。

如何教养孩子，让他们拥有圆满的人际关系

孩子年幼时服膺的是"唯乐原则"，追随"本我"的冲动。父母一定要适当地引导孩子，培养他从别人观点看事物的能力。当孩子帮助其他小朋友时，家长适时的鼓励与嘉许会让孩子加强这"利他"的行为，从而培养出孩子的"超我"意识。

如何教养孩子，让他们拥有成功圆满的人际关系？而打算要成为威信型父母的你，应该怎么做呢？

如果父母有随口撒谎的习惯，孩子一定会认为撒谎是可以被允许的。如果父母说话不算数，孩子也会有样学样；如果父母平时不尊重孩子，只看孩子的缺点，孩子也没办法尊重他人，欣赏他人的优点。若父母无法设身处地为孩子的处境着想，常常板着面孔，孩子也比较难发展出帮助他人需要的同理心。**所以，要培养孩子的高人际智商，父母的身教依然是重点。**

做法1 身教与言教，做孩子的人际关系导师

有些父母可能会抱怨，养个小孩真不容易，除了要教他们这么多成功特质之外，连自己都需要改变！这是没有办法的事，毕竟孩子不能"养"而不"教"，就如《三字经》里说的："养不教，父之过。"其实施行良好的身教，对父母来说也是一大福音。因为我们讲的都是成功特质，当你起而行去实践时，把这些成功特质融入日常生活，不仅可以帮助孩子，也帮助了自己，让自己在人生道路中更加成功，何乐而不为呢？**我做得到，相信你也可以。你唯一需要的就是意志力与执行力，先去改变自己，从而改变孩子。**

大女儿在《我们就这样进台大》中提到我的身教如何影响她："爸爸在我五岁时接受重任，办理'小康计划仁爱工作'，目的是消灭贫穷，建立小康社会。当时社会无依老人确实不少，爸爸出钱出力，善用学校资源，将爱心散布给需要帮助的人，使得贫困急难者有所安顿。爸爸除了教书，还利用课余时间或放学后及假日，探视这些痛苦的人并给予及时雨，协助他们慢慢渡过难关，防止新贫户产生。

"中学时，爸爸协助政府推行残障者心理复健工作，利用咨商原理协助残障者走出黑暗的人生，找回过去的自己。

"这段时间，爸爸施行中国童子军的'日行一善'，每逢国父诞辰纪念日举办慈善烤肉活动，带四十多位学生到六龟育幼院或信望爱育幼院探访孤儿，我时常当跟屁虫。我们在荖浓溪畔玩水、抓虾、采集标本，还到

孤儿院与孤儿唱歌跳舞，一同享受欢乐时光，看到他们那么喜欢我们带去的小礼物，我真的好高兴，此时我才真正体会到《中国青年守则》所说的'助人为快乐之本'。

"我至今仍然很感谢爸爸的身教及言教，也因为有爸爸潜移默化的影响，在未来的求学路上，我跟爸一样也很喜欢帮助同学解决问题，不管是功课上或心灵上的问题，我都很乐意帮忙。高中几个好朋友一直很感谢我在她们心情最低潮时，为她们加油打气，使她们如愿成为大学生。这是事后分隔多年，她们才告诉我的，没想到我的功劳还不小呢！"

好好把孩子教好，他们长大后会懂得感谢你当年的付出与辛劳！

做法2　希望孩子诚实，也必须接受孩子的失误

最后，我们来谈一下如何培养孩子高人际智商的基础特质。我听过台大哲学系傅佩荣教授的有声书，谈到他在女儿刚上小学时，跟她说："孩子，我希望你答应我一件事。从今天起，你会面临许多考试。答应我一件事，无论你考多烂，千万不要作弊。"年幼的女儿答应了他。后来女儿大学毕业了，跟爸爸说："爸爸，我做到你的要求了。我整个求学生涯中从来没有作弊。"

父母要求孩子诚实，但如果又对孩子的坦白加以处罚，到最后孩子一定会不断撒谎逃避父母的处罚。傅佩荣教授做了一个正确示范，**当你希望孩子诚实时，你也必须接受孩子一时的失误，不然到最后只会是"言者谆谆，听者藐藐"的下场。**

172

　　还有，孩子年幼时服膺的是"唯乐原则"，追随"本我"的冲动。身为父母一定要适当地引导孩子，培养他从别人观点看事物的能力，慢慢可以设身处地为人着想。当孩子帮助其他小朋友（包含自己的兄弟姐妹）时，家长适时的鼓励与嘉许会让孩子加强这"利他"的行为，从而培养出孩子的"超我"意识。

　　之前我们也谈到同理心是助人基础的重要性。**小孩子一般不会去了解其他人的动机，所以要训练孩子的同理心，就要多问他问题。**

　　比如说，如果奇奇和恩恩抢玩具，我们可以问奇奇："你觉得恩恩为什么要跟你抢玩具？"

　　奇奇就会受到引导，去了解恩恩的动机："因为他也想玩。"

　　大人可以进一步追问："那么当你想玩玩具，但是爸爸不让你玩，你会不会难过？"

　　"会！"

　　然后引导他："那恩恩不能玩玩具，也会跟奇奇一样难过。"

　　看着孩子，如果他开窍了，他很可能会说："那么我就分恩恩玩我的玩具。"

　　有时候，小孩子可能会误判他人的动机（大人何尝不是！），比如说，当我们问奇奇，恩恩的动机时，奇奇或许会说："恩恩就是喜欢跟我作对。"

　　这时我们可以引导奇奇去问恩恩的动机："恩恩，为什么你要抢我的玩具？"

恩恩单纯回答："我今天早上被妈妈打了一顿，所以心情不好，你的玩具看起来很好玩，可能可以让我心情好一点。"

奇奇听到恩恩令人同情的动机，可能不须大人进一步引导，就会跟恩恩分享玩具了。

所以，究竟要如何教养孩子，协助他们拥有圆满的人际关系？身为父母的我们，要能够以身作则，循循善诱，也就是必须从"身教"和"言教"两方面着手。此外，我们也必须要能够接受孩子犯的错误，以宽大的心去引导他们，这样方能对孩子处理人际关系的能力有所助益。最后，你可以运用本章末的"人际关系"教养检查表，辅助孩子培养良好的人际关系特质。

拥有一颗柔软、助人的心，就是一种福气

我小时候，爸爸从事仁爱工作，帮助地方上许多清贫或身心障碍者时，总是说："为善最乐，助人为快乐之本。"妈妈则是非常和蔼可亲，只要我的同学朋友来家里玩，妈妈总会很热情地招待对方。

在爸妈的身教和言教熏陶下，从小我就觉得，当我有能力帮助其他人，就应该伸出援手，这是天经地义的事。

前阵子和一个朋友聊天，我提及我中学时担任班长。朋友很快回答："我小时候不是班长，因为我不是那种发号施令的人。"

我有些惊讶，张大眼睛看着他，跟他解释我对班长的看法："班长不是用来发号施令的，是要帮同学调解纠纷，还有同学课业有问题时，要帮忙解惑。"

当然，班长这个位置在不同的人心中有不同解读。但是我自身的解读，班长是要服务全班同学的，不管是课业还是非课业的问题。或许是这个原因，直到现在，许多中学同学和我见面时，也还是喊我班长。

有些人或许认为，对别人好，可能会被利用或占便宜。这当然没错，只是我有不太一样的看法。**其实大部分的人还是有一颗善良柔软之心，我们无私地对他们好，长久下来，他们真的可以感受得到。**至于少数利用别

人善良、助人之心来为自己谋私利的人，就要靠个人经验累积下来的分辨能力，审慎观其动机。就算有时候不小心被别人占便宜，也不要过分计较，当成一次经验，下次小心。**至少我们对得起自己的良心，没有失去一颗柔软助人之心，这是最重要的。**

秉持这样的原则和理念，在工作上我也很容易结交到好朋友，不管是公司内部的同事或是外部的合作伙伴或客户。大家互相帮忙，以诚相待，这样即使工作压力繁重，依旧很有成就感。更有甚者，甚至大家已劳燕分飞到不同公司工作了，但是我真的需要好朋友帮忙时，他们还是义不容辞一口答应。

像我喜欢成立新创科技公司，这时候就很需要朋友帮助。一般新创公司都会面临资源匮乏的问题，缺资金、缺人才、缺市场。这时候，过去业界的人脉就派上用场了。如果没有过去累积起来的信用和友谊，要找人帮忙就不容易了。所幸，我总是有好朋友可以介绍投资人，找到好的科技人才，介绍客户。真的是在家靠自己，出门靠朋友。

这让我联想到，心理学用"公平法则"来解释人们之间的互惠行为。在大部分情况下，当我们对人家好，对方自然也会起回报之心。这是一个很自然的人际互动。这也从互惠角度解释了，为什么人际智商是很重要的成功关键。**有能力帮助别人，并且保有一颗柔软助人之心，本身就是一种福气。**父母的身教让我知道"为善最乐"，学会多为别人着想，看到了真善美的生命风貌。

"人际关系"教养检查表

衡量项目	YES	NO
身教		
1.今天我有做到说话算话、不欺瞒、负责任的诚信原则。		
2.今天我有做到尊重他人，多看他人优点，并且多微笑的尊重原则		
3.今天我有为他人设身处地着想。别人有需要而我也有余力帮忙时，我有帮助他们		
4.若有人帮助我，我会诚心诚意地跟他们道谢		
管教		
1.要求孩子诚实时，不要因为他的坦白而惩罚他		
2.孩子撒谎或不负责任时，请用"情绪辅导五步骤"去转化他的行为		
3.当孩子诚实、负责或帮助他人时，要口头嘉许，让他们有继续做下去的动力		
4.训练孩子从别人的观点看待事物的能力。多问孩子："为什么对方会这么想？""你要不要问一下对方为什么要这么做？"		
5.培养孩子的"正向智商"，多看别人优点，多接纳其他人的不同看法		
6.训练孩子多说"请""谢谢""对不起"		
7.常跟孩子说，"宝贝你笑起来好可爱，要多微笑喔！"		

Chapter 9

表达能力

良好沟通能力，让孩子在人生舞台上发光！

"父母教养风格VS孩子表达／沟通能力"比较表

父母类型	表达／沟通模式	孩子的表达／沟通能力	表达智商	沟通智商
权威型	认为小孩子"有耳无嘴"，影响孩子表达及沟通能力	因遭受压抑、不善于表达，也因父母不擅长亲子沟通而影响孩子沟通能力	低	低至中等
放任型	鼓励孩子表达，却没有鼓励孩子与人沟通	表达能力好，可是因为强烈自我意识而影响了沟通能力的发展	高	低
疏离型	不费心思去发展孩子的表达及沟通智商	生长在较为封闭的环境，不善于表达与沟通	低	低
威信型	让孩子有表达机会，也常做双向沟通	善于表达，也长于沟通	高	高

百分之八十五的成功，取决于表达能力

良好的表达能力就像一束强光，打在孩子的人生舞台上。欠缺沟通能力就像是在昏暗的舞台上演出一出精湛的戏剧，没有人看到，也没有人鼓掌。你要你的孩子站在昏暗还是明亮的舞台上？

自西汉以降，帝王明尊儒学，暗崇法家，"儒表法里"是史家对中国帝王统驭之术的评断。春秋战国时代法家兴起时有三个学派：慎到重"势"、申不害重"术"、商鞅重"法"，这些学派思想由韩非集大成，构成法家思想的终极核心。

韩非是韩国的公子，与李斯一同拜入荀子门下学习。在韩非生长的年代，韩国为战国七雄当中最弱小的国家。虽然韩非才华洋溢，但有口吃的毛病，所以多次上书韩王陈述他的思想，仍不为所用。

之后《韩非子》流传到秦国，书中《孤愤》《五蠹》的内容深受秦王嬴政赞赏，甚至说："嗟乎，寡人得见此人，与之游，死不恨矣。"

李斯回答："此韩非之所著书也。"秦国便以战争为胁，逼韩非出使秦国。韩非到秦国后，受到秦王政的欣赏，准备重用他，但招李斯忌妒，对秦王进谗言，陷害韩非入狱，最后在狱中被迫服毒自尽。又有一说，秦王想念下狱后的韩非，被李斯察觉，于是李斯先下手为强，派人毒杀韩非。

韩非能够集法家之大成，《韩非子》能够受秦王赞赏，还成为春秋战国两千多年以来帝王统治的思想核心，可见韩非思想精辟，才学渊博。可惜韩非口吃，无法滔滔不绝表达自己的想法，在韩国无法说服韩王，去秦国还遭李斯陷害。韩非无法向秦王好好辩解，一代思想家最后竟沦至服毒惨死。由此可知，表达能力对一个人的成功有关键性的影响。

在政治圈，没有口才不好却坐大位的人；在商业圈，上市公司也没有口才不好的老板；在学术圈，声誉颇佳的学者通常也能够清楚表达自己的学术见解。古往今来，没有口才奇差却臻至成功顶峰的人物。

只要打开电视，看一些成功人物接受访谈，这些人清一色都辩才无碍，思路清晰，极具说服力；反之，如果你看到某个人不善于表达，通常成就有限。因为成功不是自封的，而是你的所作所为得到大家认可。如果你不能清楚地让别人知晓你的贡献与成就，有谁能够认可你的成就？

成功者往往能够影响他人，不管是选票、老板、同事、客户或下属，成功者都能够去影响甚至改变他们，同心协力往设定的目标前进。 如果欠缺表达能力，怎么可能说服其他人接受自己的看法？这样是很难成功的。怪不得沟通大师卡耐基说过："一个人的成功，百分之十五取决于知识与技术，百分之八十五取决于沟通。"

"有耳无嘴"的小孩，以后会成功吗

过去我们的教育教导孩子，要多做少说，有能力最重要，认为不会讲话就代表这个人忠厚老实。谚语还说："小孩有耳无嘴。"要孩子只竖着耳朵听大人说话，不能开口说自己的意见。久而久之，孩子就拙于表达，创意能力遭受压抑，也无法完整、生动地描述自己的想法。这样的人如何能在竞争激烈的社会中，脱颖而出？

受这种教育的孩子步入社会，会发现现实世界和之前的教育刚好颠倒。**在职场上，只做不说的人通常很难得到老板的赏识。**因为老板可能太忙了，没有注意到他正在默默地做。这样做久了，自己心里也会不高兴，认为老板不公平。负面情绪累积多了，只会让自己更加怨天尤人，更像一个失败者。

问题出在哪里？其实很简单，他只要懂得向老板报告工作成果，老板就会开始注意到他的表现了。如果自己默默地做，孤芳自赏，望穿秋水还是等不到梦寐以求的"伯乐"。

过去的教育将孩子制约了，把孩子塑造成口吃的韩非，纵使能力不错却无从发挥，最后落得怀才不遇的下场。

相反的，表达能力好的人，在工作绩效上往往能收锦上添花之效，做了五分，看起来像十分；表达能力不好的人，做了十分看起来像五分，当然就吃亏了。有人会抱怨，其他人是巧言令色，对老板花言巧语，才能得到升迁。可是自怨自艾对事情并没有帮助，世界不会因而改变。事实是，

良好的表达能力就像一束强光，打在工作绩效的舞台上，老板可以得知你在做什么，进而欣赏评断；而欠缺表达能力就像是在昏暗的舞台上演出一出精湛的戏剧，但是没有人看到，所以也没有人鼓掌。

韩非的口吃就像一道昏暗的光，在韩国没办法说服韩王，在秦国没办法为自己辩白。有了韩非的前车之鉴，千万不要常常叫你的孩子闭嘴，以免他成为第二个韩非。有的家长看不惯有些人以言语操控他人，而把孩子包装成口才不好、诚信正直的样子。**其实，诚信正直和表达能力好坏并没有关联，你的孩子可以表达能力好又正直诚实，这两者是不抵触的。**表达能力不见得要用在粉饰自己或对上司阿谀奉承，也可以来展现自己的才华，鼓励其他人，让自己的人生更宽广。

过度谦虚不是美德，等待伯乐也非成功之道

有的父母十分高风亮节，要求孩子懂得谦虚之道。骄傲的人的确惹人嫌，因为他们的基本心态就是要压过别人，想要高人一等。可是如果孩子过于谦虚，以致无法以不卑不亢的心态在适当时候表现自己，日后极有可能被淹没在茫茫人海中，无法出头。

另外一型的孩子因为在校成绩不错，能轻易获得赞美与掌声，于是习惯这样的模式。步入社会，突然发现自己头上的光环不如以往闪亮，很多事必须从头学起，老板也不像学校老师或爸妈一样常常称赞他，于是适应不良，这种"等待伯乐"的心态并没有任何助益。**在孩子小的时候，父母**

就必须教导孩子追求自己想要的东西，要懂得去经营，诚恳地寻求贵人的协助，这样孩子才能从安逸的求学生涯顺利转换到竞争激烈的工作环境。

比尔·盖茨说过："在学校，老师会帮助你学习，到公司却不会。如果你认为学校的老师要求很严格，那是因为你还没有进入公司工作。但若公司对你不严厉，你就要失业了。"

大同世界令人向往，但是活在这个世界免不了竞争。孩子必须要有好的口才，才能让他内在的成功本质在这世界上开出美丽芬芳的花朵。不要让他像韩非一样，空有伟大的见解学识，却不被重用，还因"怀璧其罪"，才华过高而招忌，在历史的舞台上陨落。

虽然有些人会觉得这样不公平，但是或许事实就如卡耐基书中所说的："演讲能力是成名捷径。这种能力使一个人备受瞩目，鹤立鸡群。而一个说话得人心的人，大家对他能力的评价，往往超过他真正的才华。"

让孩子了解，沟通能力不是一条单行道

当一个人被接纳时，也会想要回报，因而打开自己的思考模式，诚恳地问你："那你又是怎么想的呢？"这时你才有机会让他接受你的想法。对方的心门没有打开，真正的沟通是不可能发生的。

如果一个人滔滔不绝、口若悬河，虽然表达了自己的想法，并不表示他的沟通能力一定很棒。表达能力好，只是把自己的意思说清楚、讲明白。要能够说服对方接受自己的意见，或者寻求双方都可接受的"最大公约数"，绝不能只靠无止境的言语。相反地，**你要懂得倾听，根据对方的心态与需求找到交集，甚至依据对方目前的心态去影响他的想法，这才叫作"沟通"。换言之，沟通不是一条单行道，而是一条双向道。**

之前我们提过柔性权力，提到"不是光会动辄舞刀弄枪或经济制裁伺候就够了，设定议题以吸引别的国家也很重要。这种让他人欲己之所欲的柔性权力，意在怀柔，而非威逼"。要能够施展柔性权力，沟通是不可或缺的第一步。因为你一定要了解对方在想什么，才能根据他的想法寻求共识。如果只是单方面滔滔不绝地口沫横飞，对大家来说只浪费时间。

国家与国家之间是如此，老板与员工之间也是一样，亲子之间亦不例外。如果较强的一方老是强压弱势的一方，不做沟通，漠视对方的感受，到最后关系一定会很差。所以沟通以及建立在这基础上的同理心，对个人成就有绝对性的影响。再怎么说，想要追求成功却无法与人相处，无疑是缘木求鱼。

根据我多年咨商辅导的经验，以及遍读沟通相关书籍累积的知识，归纳出三项最重要的沟通要领，供父母参考：

要领1 多聆听，了解对方真正的意图

卡耐基说过："要你做事的唯一方法，就是把你想要的东西给你。"

想知道对方要什么东西，聆听绝对是不可或缺的第一步。卡耐基同时提到："如果你想成为谈话高手，就必须先成为专心听讲的人。要风趣、要对事物保持兴趣。问别人喜欢谈论的问题，鼓励他们多谈谈自己和他们的成就。"

所以，沟通的第一要领是：多聆听，而不是自己一直滔滔不绝。

要领2 不要陷入辩论之争，注意你的沟通风格

卡耐基认为："在辩论的时候，十有九次的结果是：双方都更加坚定自己原来的看法是对的。你不可能从辩论中获得胜利。因为，假如你辩输了，你是输了。但假如你辩赢了，还是输了。为什么呢？因为，想想看，假如你把对方攻得体无完肤，最后证明他的论点一无是处，结果又如何？

你觉得很痛快，可是对方呢？你只不过是让他觉得自己差劲，伤害他的尊严。对于你的得胜，是让对方感到愤慨而已。更何况如果一个人口服心不服，他的观点仍然不会改变。"

根据我的辅导经验，如果采取对立立场，往往成效不好。因为人皆有自我防卫心理，无法接受对方的批评，即使不是言语批评，而是眼神透露出的不屑，都会刺激对方敏感的心灵，而奋不顾身地去自卫。

要改变一个人的想法，一定要先接纳，才有机会去改变此人原本的思考。

当你跟对方说，"是的，你讲得有道理。"对方的气势会慢慢缓和下来，基于人性美好的一面，当一个人被接纳时，他也会想要回报，因而打开自己的思考模式，诚恳地问你："那你又是怎么想的呢？"这时你才有机会让他接受你的想法。**对方的心门没有打开，真正的沟通是不可能发生的。**

根据心理学家的研究发现，一个人跟别人说过话后，所留给人的印象，只有百分之二十取决于谈话的"内容"，其余百分之八十则取决于沟通的"风格"。当你采取强势风格，即使有理，到最后别人还是留下不好的印象。**与其得理不饶人，不如采取得饶人处且饶人的风格，接纳对方，从而转化对方的思考，才是上策。**

要领3 沟通最高境界——寻求双赢

史蒂芬·柯维把沟通分为三个层次，如下：

一、低层次沟通：双方抱持低信赖、低合作的态度，可称之为"自我防卫"型沟通，损人利己或损己利人。史蒂芬·柯维如此解释："低层次的沟通由于信任度低，遣词用字多重防卫自己或在法律上站得住脚，力求无懈可击。但不是有效的沟通，只会使双方更坚持本身立场。"

二、中层次沟通：双方抱持中度信赖、中度合作的态度，可称之为"彼此尊重"型沟通。史蒂芬·柯维说："中间一层是彼此尊重的交流方式，唯有相当成熟的人才办得到。但是为了避免冲突，双方都保持礼貌，却不一定为对方设想……这种沟通方式通常以妥协折中收尾。妥协意味着一加一只等于一又二分之一，双方互有得失。"

三、高层次沟通：双方抱持高度信赖、高度合作的态度，可称之为"统合综效"型沟通，利人利己。史蒂芬·柯维说："统合综效（synergy）则使一加一可能等于八、十六，甚至一千六，彼此收获更多。"

若能够把握这三项沟通要领，可以说是相当有水平的沟通高手了。

该如何训练孩子的表达与沟通能力

沟通不能是单行道。除了训练表达能力之外，我进一步教导孩子要学会倾听。举例来说，如果孩子和同学间有什么误会，我会请孩子设身处地为对方着想：对方为什么会生气？

我和妻子如何训练小孩的表达与沟通能力？首先，我们会鼓励他们多多表达自己的想法，我们也会尽量倾听。如此一来，他们的表达能力就会日益精进。次之，语言是表达的媒介，所以我会买许多书给他们看，也常带他们去逛书店，养成阅读课外书的好习惯。

再者，沟通不能是单行道。自己滔滔不绝但是对方已经失去兴趣，这样的情况并不罕见。所以，除了训练表达能力之外，我进一步教导孩子要学会倾听。举例来说，如果孩子和同学间有什么误会，我会请孩子设身处地为对方着想：对方为什么会生气？

心理学提过，一个刺激，一个反应。是否我们自身说了什么，做了什么，引起对方气愤的回应？换言之，结合心理学的"同理心"及儒家所说的"反躬自省"，孩子的沟通能力自会有所进步。

此外，我们也得了解不同孩子的表达倾向：是属于不喜欢说话的孩子？还是很爱说，但是讲话没有重点或从来不聆听？这样才能够帮助孩子发展表达及沟通智商。

类型1　我的孩子不喜欢说话

如果是第一种类型，父母要鼓励孩子多说话。最好的方式就是，找孩子有兴趣的话题问他。

比如说，如果孩子很喜欢恐龙，你可以请教他恐龙方面的相关知识，孩子一定会滔滔不绝，借此训练孩子的表达能力。需要注意的是，孩子是很敏感的，如果你只是假意地问他问题，不专心聆听，有的孩子就不会继续说下去了。

还有，别打击孩子的信心，如果你听完跟孩子说，恐龙真的很无聊，或者是你这样做好笨，孩子的表达能力就会更加遭受压抑。

类型2　我的孩子很爱说话，但是没有重点

至于很爱说、但是讲话没有重点的孩子，父母可以引导他。

当孩子呈现出跳跃式的思考，父母可以就单点深入问问题，像是"为什么会发生这样的事情？""你为什么想要这么做？""别人对于你这么做，有什么看法？""还有其他更好的做法吗？"借由提问，来训练孩子的思考整合能力及分辨能力，可以增进孩子表达能力的发展。

这样的孩子已经很会说了，只是需要一些逻辑及组织，从而避免天马

行空、让听者无所适从的缺陷。

还有，可以鼓励孩子参加演讲比赛，或者请孩子讲故事给你听。

你可以跟孩子说："妈妈讲了好多故事给你听，你可不可以挑一个你最喜欢的故事讲给我听？"

总之，绝对不要认为小孩子就该乖乖听话，多让他们说，有条理地说，这样的训练对他们绝对有帮助。

类型3 我的孩子很爱说话，但是从来不聆听

这样的孩子往往有本位主义的倾向，不能从对方观点来看事物。这样长大后会比较吃亏，因为在职场上唯有知己知彼，才能够顺利推动大大小小的事务。所以父母一定要训练孩子聆听的技巧。

聆听的基础训练方式很直接。跟孩子说一段话，再请他重复我们刚刚说过的话。这样慢慢训练，他就会逐渐抓到别人话语中的重点。

再进一步，可以请孩子做角色扮演，模拟自己是对方，会怎么反应？这样也可以协助孩子脱离本位主义思考模式，进一步提升沟通智商。

"冲突"是训练孩子沟通能力最好的时机

冲突是训练沟通最好的时机。当孩子和其他小朋友之间有冲突时，你可以借机训练他的沟通能力。以上一章恩恩想玩奇奇的玩具，可是奇奇不让恩恩玩为例，父母可以这样教恩恩：

恩恩跟妈妈抱怨奇奇不给他玩玩具，妈妈可以问恩恩："为什么奇奇不让你玩他的玩具呢？"

恩恩摇摇头说不知道，妈妈说："你要不要去问一下奇奇？"（鼓励孩子聆听）恩恩问了奇奇，回来跟妈妈说："奇奇认为我也有自己的玩具，所以不应该玩他的。"

妈妈看恩恩还是愤愤不平，问他："恩恩，你为什么看起来好像在生气？"

恩恩说："我是在生气，因为上次妈妈买给我的玩具火车，我有借奇奇玩啊！可是他今天竟然不借给我。"

妈妈问："是不是奇奇忘记了？你要不要去提醒他，上次你和他一起玩玩具火车的事？恩恩有时候也会忘记之前的事啊！"（鼓励孩子以同理心接纳对方，追求双赢）

恩恩点点头，似乎比较不生气了，于是再去跟奇奇沟通一次。奇奇想起上次恩恩慷慨大方的样子，也觉得不好意思，就给恩恩玩他的玩具。两个小家伙很高兴地玩了起来，把之前的不愉快忘得一干二净！

像这样善用良机多多训练孩子，假以时日，你的孩子绝对会成为沟通高手！

倾听对方，表达自我，才是真正的沟通

从我学会说话后，就很爱讲话。每天绕着妈妈，一直说话。上学后，每天回家都跟妈妈报告我一天的学校生活。妈妈虽然家务繁忙，从来不会叫我别说个不停。所以，我就有机会一直练习我的表达能力。

在语文方面，在我不识字时，爸妈就为我讲很多睡前故事。一旦开始识字后，就像打开潘多拉的盒子（不过是好的潘多拉盒子），我一发不可收拾地开始看很多书。广泛地阅读也增进了我的表达能力。更有甚者，在寒暑假，爸爸要求我们抄写佳文妙句，以增进我们的文学造诣。在读说并重的教育下，我中小学就常常在演讲比赛、朗读比赛、作文比赛中名列前茅。

后来我出国留学，见识到美国学生在课堂上的表现，他们总是踊跃发表自己的看法，我慢慢改掉一般台湾学生低调不发言的习惯。在需要表达时，我会适时表达自己的看法。我觉得这一点在工作上还满重要的。因为如果心中有疑惑或不满，在情况许可之下，最好还是礼貌、客气地提出来跟大家讨论，寻求解决之道。不然闷在心中，对自己是内伤，也可能会影响工作表现。

还有，当自己有任何建言或看法要说服别人时，表达及沟通能力也非常重要。不然再好的想法或洞见，都只能自己孤芳自赏，那就可惜了。这时候，多倾听对方想法，了解对方需求，再将自己的看法融入对方的思维中，也比较能够被接受。不然只是活在自己的世界中，哪儿都去不了。

举例来说，在职场上，不少同事会跟我抱怨，他提了很好的想法，但是不被主管采纳，觉得很沮丧。当然，我相信大多时候这些建言都有其良善之处。但是我发现，要让上司采纳我们的意见，最重要的是，我们要了解上司在工作上目前想要达到什么？还有他遇到什么困难想解决？**如果你的建言能够扣紧他的目标和问题，他就比较可能会倾听甚至接纳。不只和上司必须这样沟通，和其他任何人也得这么沟通，才容易有成效。**

其实我刚入社会时，也是傻傻的，觉得对公司好，就提意见。多撞墙几次，想起父母教我的沟通技巧，我才恍然大悟。我一定得先了解老板的目标和困难，将我的建言与之连结，才比较能够被接纳。这样也才是好下属，对吧？

总之，一个人的成功，绝对不可能只靠自己。能够充分表达自己的想法，并且成功地和对方沟通，绝对是很重要的一个成功要素。没有任何人可以孤立于世界之外而获致成功，所以表达和沟通智商的训练，是非常重要的。

"表达／沟通能力"教养检查表

衡量项目	YES	NO
表达能力		
1.问孩子一个他有兴趣的话题，让他好好地说		
2.当孩子兴致勃勃地讲一件事情时，不要立刻泼他冷水		
3.当孩子讲话一直发散、没有重点时，单点深入问他问题		
4.鼓励孩子多参加演讲比赛，或者请孩子说故事给你或其他小朋友听		
沟通能力		
1.善用冲突来训练孩子的沟通能力		
2.鼓励孩子发挥同理心，借由提问与倾听了解对方的意图与动机		
3.鼓励孩子设身处地为他人着想，接纳对方看似不完美的行为		
4.鼓励孩子跟对方讨论两方面都可以接受的方案，寻求妥协、交换或双赢		

Chapter 10

金钱观念

培养正确金钱观，锻炼孩子的

意志力与判断力

"父母教养风格VS孩子金钱观念"比较表

父母类型	理财教养方式	孩子的金钱观念	理财智商
权威型	不准孩子买太多东西，骂孩子太浪费	想要的东西要不到，造成挫折及无力感，影响孩子对金钱的掌控度	低
放任型	孩子要的东西，倾向尽量买给他	造成孩子挥霍的心态，认为只要去提款机领，就有钱了	低
疏离型	倾向告诉孩子，其实他们不需要这些玩具	孩子得不到自己想要的东西，又被告知自己的感觉错误，可能会很错乱，有时候甚至会以不当行为去取得	低
威信型	引导孩子储蓄，并在不同玩具中、在过去与未来之间做取舍	孩子学会"金钱有限"的概念，并会调整自己的购物冲动，锻炼其意志力及判断力	高

限制与选择，延迟享乐的教养哲学

今天有这么多信用卡卡奴，就是因为父母在孩子小的时候没有教导他们正确的金钱观念。犹太人认为，贫穷会衍生出其他不幸的遭遇，学者认为懂得克制欲望的孩子能够成大器。何不培养孩子高"理财智商"，以确保孩子未来衣食无虞，又能增强延迟享乐的意志力，到达成功的顶峰？

在《先别急着吃棉花糖》（方智出版）中提到，一个斯坦佛大学教授设计的"棉花糖"实验，探讨小孩子能否做到延迟享乐（delayed gratification）对他日后所产生的影响。这个实验是把几个大约四岁的小孩带到一间房间，然后有个大人进来，在小孩面前放了一块棉花糖，并说明大人会暂时离开十五分钟。如果这段时间里，小孩子没有把棉花糖吃掉，就会再得到另一块棉花糖做为奖赏。

十五分钟对四岁小孩来说，很漫长。只有少数孩子能够忍住诱惑，得到两块棉花糖。大部分的孩子都熬不到十五分钟就把棉花糖吃掉了。

几年后，研究结果显示，大人一离开就把棉花糖吃掉的小孩，在校表现较差。而没有吃掉棉花糖或是挣扎很久才吃的小孩，在校表现较好，比较懂得与其他人相处及处理压力。由此可知，预测个人未来成功与否，能否延迟享乐是很重要的指标。

你希望你的孩子是哪一种棉花糖小孩

日常生活中，小孩不是常常有机会吃到棉花糖，但是我们可以经由审视其他指标得知，父母是否有利用棉花糖概念去训练孩子"延迟享乐"的能力。

一般小孩看到自己喜欢的玩具往往无法克制，一直央求父母买给他们。如果父母总是顺应孩子的要求，就像是孩子可以要到无限多颗棉花糖一样，孩子便没有机会在以下这两个选择中做出决定：

一、立即享受＋一颗棉花糖
二、延迟享乐＋两颗棉花糖

但是成功的父母会给孩子预算限制，会提醒孩子或许可以多看看是否有其他更喜欢的玩具，再做最后决定。这就像是棉花糖实验一样，给孩子限制与选择，借此培养孩子"延迟享乐"的能力。

一直给孩子棉花糖吃的父母，总是顺应孩子的要求，自认为是疼爱孩子的表现，反倒不自觉地限制了孩子发展"延迟享乐"的能力，进而局限他们未来成就的高度。

如果你希望自己的孩子能够发展出"延迟享乐"的能力，借由培养其正确金钱观念，提升其理财智商，是非常好的方式。孩子如果拥有高理财智商，不仅代表他"延迟享乐"的能力有一定水平，还可以保障以后的生活无虞。

犹太经典《塔木德》提到："这世界上没有比贫穷更糟的事，贫穷是一切痛苦中最可怕的，一个被贫穷逼到走投无路的人就像遭到一切的诅咒。"

于是，犹太人从孩子很小的时候就开始训练孩子的金钱概念，这样做有两个好处：

一、孩子以后如果遇到生活困境，至少还有积蓄可以帮助他撑过难关。如果孩子常说："没有钱，再去提款机提就好了。"父母这辈子就惨了，因为孩子长大后很可能变成卡奴。

二、孩子培养了"延迟享乐"的能力，这也是为什么犹太民族人数虽少，却依旧能够在异乡崭露头角。美国亿万富翁中有百分之二十是犹太人，诺贝尔经济学奖和科学奖项得主也有百分之二十是犹太人。

教孩子先"舍弃"，再"获得"，塑造未来成功的条件

在犹太人的市集里，可以看到一些小孩出售自己用过的二手玩具，犹太人借由这个方式训练孩子的金钱观念。这些在市集卖玩具的犹太小孩必须舍弃旧玩具，才能换取金钱去买别的东西，就像那些必须忍耐十五分钟

才能多吃一块棉花糖的小孩。他们学会先"舍弃"，再"获致"更大的享乐。这就是犹太民族的成功之道。

有的父母认为家里有钱，不需要孩子过分节省，于是给予他们许多物质享受。但即使是富裕的犹太家庭，也严格教育孩子的金钱观念。犹太孩子经由家庭教育与实际经验，明白"资源有限"的道理，也学会因为资源有限，而必须在"立即的享乐"及"未来更大的享乐"中做抉择。**在这当中，强大的意志力被培养出来了，孩子成功的条件也被塑造出来了。换言之，培养孩子正确的金钱观念，不只是钱的问题，还牵涉到锻炼与发展孩子的成功心性。**

根据犹太教育专家杰弗里·布拉尼教授的研究，犹太人的理财启蒙教育有以下目标：

- 三岁时，能够辨识货币。
- 四岁时，能够简单地计算。
- 五岁时，知道物品的价值，知道钱是怎么来的。
- 七岁时，能够找钱，数大量的硬币。
- 八岁时，能够打工赚钱，知道把钱存进储蓄账户。
- 九岁时，能够制定一周的支出计划，购物时知道比价。
- 十岁时，懂得每周节省一点钱，以备大笔开销时使用。
- 十二岁时，能够制定两周支出计划，懂得正确使用银行业务中的术语。

如果我们能够像犹太父母一样，在孩子小的时候开始教导正确的金钱观念，孩子的未来一定会更加美好。

培养金钱观要趁早，从小教孩子学会生财、理财

虽然我们的祖先也说过，"贫贱夫妻百事哀"。但是平心而论，并不是每一个华人家庭都会培养孩子的金钱观念。有的父母非常宠孩子，任其予取予求。有的父母因为工作太忙，心生愧疚，于是给孩子物质上的享受作为补偿，最后发现孩子太过浪费，想扭转他们的坏习惯却为时已晚。因为不顺孩子的意买东西，他们就会大吵大闹，心生怨恨。根据过去的模式，孩子已经认定父母就是有义务买东西满足他们的需求，所以父母一不买东西给他们，他们就十分气愤，严重影响亲子关系。

我看过这样的例子。小廷不仅是家中的独子，也是唯一的孩子。小廷的妈妈养育过别的孩子，但是不幸都夭折了。于是，妈妈对于得来不易的小廷疼爱有加，几近溺爱。不出所料，小廷长大后变成一个纨绔子弟，挥霍无度。小廷的妈妈老了，怕小廷把家产败光，不敢把所有家产交给这个独生子，于是在遗嘱里把一半家产留给了小廷即将成年的儿子，也就是她的孙子。小廷知道了非常生气，和妈妈翻脸，让妈妈伤心到每天以泪洗面。

相信你会替小廷的妈妈感到不值，可是小廷已经认定妈妈就是应该要

完全顺应他的要求，不然他就怨恨她。可见任孩子予取予求，孩子不但不会感激，还会视之为理所当然。

要棉花糖就有棉花糖可以吃的孩子，到最后就会变成这样。反之，教导孩子如何开源节流，孩子一开始会吵闹，但是长大了反而会感谢你，因为你教他如何去赢得更多棉花糖。

杰弗里·布拉尼在《启发一生的犹太教育法》（先觉出版）举了一个类似的例子：

"拉撒亚十分聪明，而他的父亲非常慷慨，因此拉撒亚从不缺零用钱。拉撒亚的老师发现这个情况，便劝他父亲不要惯坏了孩子。于是，他父亲不再给他那么多钱。可是，拉撒亚已经养成习惯了，一旦父亲不给他钱，就怨恨父亲。"

所以，培养孩子金钱观念要趁早。 就像犹太人从孩子三四岁就开始一步步教导他们金钱观念，我们也应该参照犹太教育方式，让孩子从小学会如何生财、理财，同时培养他们"延迟享乐"的能力。

训练"理财智商"前，父母该建立正面心态

教孩子金钱观念是要让他们了解，"钱"不可以从提款机里无限度提领，如果孩子想要购买特定玩具，他可能必须舍弃其他较不重要的玩乐，暂时忍耐，以换取未来更大的快乐。这样长大的孩子会比较实际，请注意是"实际"不是"现实"。

有些孩子较早就自行发展出"延迟享乐"的能力，**但是就算你的孩子目前没有这样的能力，你还是可以通过金钱使用去训练孩子这方面的意志力。**

我与妻子从小就开始教导孩子储蓄及审慎花钱的观念，孩子学会运用金钱之后，便能够按照自己的需求做出财务规划，去赚取与运用金钱。像我的小女儿想出国留学，因为家中积蓄不多，她决定要自立自强，自己出钱。于是她大学毕业后工作了两年，并且把从小到大的积蓄拿出来做投资，因为那时候股市不错，竟然在两年内达到她预设的目标，也申请到学

校，就很高兴地去留学了。

还记得我在第一章时提过，小女儿小时候其实没有什么金钱观念，看到新奇的玩具就想买吗？我们只是稍稍引导她，给她一点钱存在邮局，她就慢慢学会节省及运用金钱，到最后连留学费用都可以自己负担。所以千万不要小觑孩子的潜力。

此外，为了让孩子知道赚钱的辛苦，我也曾经带孩子到澄清湖卖过恐龙模型。那时候同台竞争的有广受孩子欢迎的彩色沙画，跟我一起去的二女儿和小女儿都觉得赚钱实在不容易。经过这次经验，她们变得更加珍惜金钱。小女儿在她与姐姐合著的《我们就这样进台大》里提到这个经验：

"记得那是一个酷热的夏天午后，我与二姐想赚外快，到工厂批了木制玩具模型，心想以模型之造型可爱，一定可以畅销。虽然澄清湖假日人潮汹涌，但我们却遇到彩色沙画强大竞争。大部分的小朋友只对五彩缤纷的沙画有兴趣，而忽略了原木色系的玩具模型。无论我们如何强力推销，一批批的人潮还是涌向沙画业者，当时有个游客揶揄我们姐妹俩：'有没有后悔没卖沙画，而卖模型？'这句话为我们沮丧的心情下最佳的注脚。

日暮时分，我与姐姐一边收着摊位，一边感叹钱不好赚。在此同时，我也明白，因为我们事先并未详加调查澄清湖的儿童玩具市场，有这样的结果并不令人感到意外。我想起爸爸对我强调知识的重要性与独特性，如果我们曾运用在大学中学到的营销学，事先规划这次买卖，就不会遭遇这样的失败了。至此，我才深深体会爸爸当年所言内蕴之智慧，并且立志，以后我一定要好好念书，运用我脑中的知识谋生，这将会比单纯利用劳力赚钱来得容易。"

心态1　谈"钱"很现实？教孩子了解"钱"，孩子会比较"实际"

有的父母认为从小教导孩子金钱观念会让孩子变得很俗气，其实不然。父母教孩子金钱观念，并非要孩子变得吝啬、一毛不拔。**教孩子金钱观念是要让他们了解"钱"不可以从提款机里无限度提取，如果孩子想要购买特定玩具，他可能必须舍弃其他较不重要的玩乐，暂时忍耐，以换取未来更大的快乐。这样长大的孩子会比较实际，请注意是"实际"不是"现实"。**

"现实"代表的是势利，指的是如果一个朋友对你没有用处了，你就把他踢到一旁，不再帮助他。"实际"指的是了解现在的状况，衡量自己的真实能力，然后决定一个能够实行的计划，而非在那儿空想。培养孩子金钱观念，就是教他"实际"，而不是要他"现实"。

心态2　懂得为自己存钱，也要懂得帮助别人

我们教导孩子金钱的重要性时，也教导孩子助人为快乐之本。我之前从事仁爱工作，帮助许多贫困家庭。有一次我跟小女儿提到这些人十分可怜，那时候才小学三年级的她就从腰包里掏出十块钱，要我拿去帮助那些人。当时十块钱可以买不少零食，她能够舍弃自己的口腹之欲去帮助别人，显示了小孩子不全然是自私的，其实也有善良的一面。身为父母，要懂得让孩子为自己存钱之外，也要懂得帮助别人，孩子才不会过于现实。

心态3 学历和理财是两回事，书读得好，不见得有正确金钱观

内人和我很幸运，在孩子小的时候就把他们的理财智商培养起来了，所以现在不需要担心孩子财务方面的问题。孩子会自己去赚钱，也会存钱以备不时之需，让我们很欣慰。我看过一些高学历的孩子，理财智商却很低，钱守不住，这样父母怎么会不担心呢！**可见学历和理财智商是两回事，孩子的书读得好不见得有正确的金钱观念。**所以训练孩子理财智商是父母教导孩子成功不可或缺的一堂课。

该如何培养孩子的理财智商

孩子的理财智商对未来的成功有很大的影响力。从孩子小的时候开始教导"收入""储蓄""支出"的概念，对父母只有好处，没有坏处。一定要训练孩子的理财智商，因为连钱都管不好的人，是没有办法成功的。

孩子的理财智商对未来的成功有很大的影响力。如果我们希望孩子成功，就要从小培养他们的理财智商。那么，威信型父母如何培养孩子的理财智商呢？我们建议可以这么做。父母可以给孩子一个储蓄罐，接着逐步教导孩子，金钱"进"与"出"的概念。以下是示意图：

孩子理财智商培养示意图

定期零用钱　　　　　　　　　买玩具或其他东西

不定期提供劳务　　　　　　　买礼物送人

卖掉旧玩具　　　　　　　　　帮助别人

进　　　　　　　　　　　　　出

孩子的储蓄罐或银行账户

在金钱"进来"这部分，有以下可能的财源：

收入1 **定期给孩子零用钱**

不要一次给孩子太多钱： 如果你给的超过孩子需要的，就无法达到训练资源分配的用意。换句话说，就没有棉花糖实验的精神。所以一次不要给太多。

一开始一次给一星期： 小孩子比较没有自制力，一次给一个月的零用钱可能一下子就把钱花完了。所以一开始一次给一星期，等到孩子比较能节制，再延长到两个礼拜或一个月。

参考犹太人的教育， 这在学龄前就可以开始了。可以先从每年过年的红包开始教导，再逐渐拓展到给零用钱这方面的训练。

收入2 **不定期提供劳务机会**

孩子如果有特殊需要，有大笔支出，父母可以给予孩子劳务机会，比如要孩子帮父母做大扫除，或者是带弟弟妹妹一个礼拜，以换取较多金钱。但必须让孩子知道这是父母额外给他的，并不是每次他需要大笔金钱，都可以这么做，父母要视情况而定。换言之，父母必须支持孩子这大笔支出的决定，才会提供孩子劳务的机会。

这和平常该做的家事不同，平常的家事分配应该不是用金钱来换取的。父母要教导孩子，做家事是给他们表现的机会，也因为他们是家庭里的一分子，必须要有所贡献。

收入3　卖掉旧玩具

如果孩子需要一笔钱，父母可以请孩子筛选出不要的玩具或旧物品，去网络上拍卖。既可以教导孩子环保概念，又能帮助孩子有筹资的概念。

在存钱部分，一开始你可以买个储蓄罐给孩子。等孩子比较大，钱也存得比较多了，就可以带他们到邮局或银行开个账户。我记得三个孩子进入小学后，我们带她们到邮局开户头，虽然小孩子常常存一些小钱进账户，又领一些小钱出来，在大人看起来有点忍俊不禁，但是对孩子来说，他们可是一本正经地在"管理"他们的钱呢。还记得有次我小女儿跑去邮局说要领五十三块出来，那时候邮局的叔叔忍不住说："干脆我给你好了！"一边笑一边把手续办好。可是对我女儿来说，她可是很认真的。小时候培养出这种认真的精神，孩子长大后，父母就不用担心了。勿以钱小，就不训练孩子的理财智商。

在金钱"支出"部分，有以下几个方面的利用：

支出1　自己买玩具或其他东西

记得问孩子以下几个重要问题：

取舍问题："你确定要买这个玩具吗？要不要多看几个再决定？买了这个可能就没办法买下一个了喔！"

预算问题："你现在钱够吗？如果不够，我们要等到下礼拜有新的零

210

用钱才能买喔！"

比价观念："不是只有这家店有卖这个玩具，要不要把价钱记下来，我们再去别家看看，说不定会更便宜喔！这样你就不用花那么多钱了。"

支出2　买礼物送人

为了不让孩子变成自私的守财奴，父母应该要教导他们利用自己的积蓄去反馈他人。比如说，如果别的小朋友送你的孩子生日礼物，要记得叫他们回赠。如果接受别人很大的帮助，想要表示心意，也可以买个小礼物送给对方。这样孩子就更能够善用自己的积蓄，人缘也会变得更好。

支出3　帮助别人

父母也可以利用孩子的积蓄教导他们帮助别人。比如说你可以问孩子："很多小朋友都没钱吃营养午餐，你会不会觉得他们很可怜？你愿不愿意捐一点钱帮助他们呢？"孩子懂得捐钱帮助别人，会是一个有福报的孩子。

从孩子小的时候开始教导"收入""储蓄""支出"的概念，对父母只有好处，没有坏处。犹太人认为："当你陷入经济危机后，会碰到更多危险，而且难以逃脱，因此你必须改变自己的思考和行为方式。"千万不要让孩子沦落到这样的境地。此外，训练孩子的理财智商还能够帮助他们发展"延迟享乐"的能力，增加成功概率。还有，一个企业家缺乏理财观念是不行的，如果没有计算金钱的数学头脑，不可能整合资源、创造价值。**一定要训练孩子的理财智商，因为连钱都管不好的人，是没有办法成功的。**

培养金钱观念，是为了好好照顾自己和别人

我从小在父母及两个姐姐的宠爱中成长，所以小时候的我比较缺乏忧患意识，看到想要的玩具或是新奇的东西，就想要拥有它们，没有想到应该要量入为出。还记得，有一次有人到我们小学推销"神奇毛笔版"，这版子写了毛笔字后，字迹干了就又回复原本空白的模样。我看了觉得好神奇，好想要，也不管那价钱实在不便宜，就回家跟妈妈说我想买。

于是我妈妈和姐姐们教我，不要乱花钱。妈妈还带我去邮局开个户头，教我把零用钱存起来。**邮局有账户后，我喜欢上自己管理金钱的感觉**。每次考试考得很好，爸妈嘉奖我，或是有长辈给我零用钱，我都很开心地跑去邮局存起来。需要用钱的时候，我再去邮局提出来。

我存的钱和提的钱都很小额，在大人眼中实在是小的可爱。还记得有一次我去领五十三元出来，邮局里亲切的叔叔忍不住笑笑地说："领这个金额，干脆我给你好了。"当然他只是开玩笑，还是让我领了五十三元。

虽然我存钱和领钱的数目很小，但是，重要的不是钱的多寡，而是储蓄的习惯。妈妈帮我养成储蓄的习惯，我看着户头数字一直增加，让我感到一种成就感，成就感让我继续储蓄习惯。从小学到大学毕业，我把零用钱、奖学金、大学家教的钱都存了起来，到大学毕业时，已经有八十万元

的存款。都是一点一滴存下来的。没有这八十万，我也不可能有机会从股市中赚到一百二十万，加起来两百万，刚好足够去伯克利大学念两年书。这一切，都要感谢妈妈教我要储蓄、要节俭。

爸爸则是提供我另一个思考角度。爸爸喜欢帮助别人，我自幼耳濡目染。虽然我有邮局账户后就开始认真存钱，但我也会捐钱给有需要的人，虽然那时候的我没有什么财力可言，所以捐的款项并不多。**但是，爸爸教导我要帮助别人，这平衡了我的金钱观念。他让我知道，不要只做守财奴，虽然要节俭，要量入为出，不要寅吃卯粮，但是也要懂得付出，帮助别人。**

我从爸妈身上学到了均衡的金钱观，量入为出，善用金钱。这样的均衡金钱观，不只对自己的人生有所帮助，对工作也有很大的正面影响。这怎么说？在职场上，到达某种程度的管理职位，每年就会有部门预算和工作目标，如何善用公司预算去达成目标，是上司考核我们绩效的重要指标之一。过于节省不懂投资，固然不好；不懂得善用公司金钱创造价值，更是糟糕。

这样的观念延伸到创业上，更为重要。我毕业于伯克利大学，出身硅谷科技业，创业几乎是所有朋友的梦想。曾经有位朋友，很有才华，但是他创业时，却挥霍不少钱财装饰门面，这样的金钱观最后让公司陷于入不敷出的窘境，最后只能被迫遭低价收购，甚为可惜。其实，钱之于新创公司，就如氧气之于人类。公司没钱就会断气了，所以一定要控制成本。换言之，气要长，路才能走得远。但是，如果太吝啬，反而留不住人才，我也看过这样的例子。所以如何在两者间取得平衡，真的是创业家的一门艺术。

最后，从更开阔的角度来看，金钱管理是为了确保能够好好照顾自己及身边的人，这是每个人应该尽力做好的本分之一，不管你是否是领导者。然而，当我们的能力超越照顾自己和身边之人时，能够反馈社会上需要帮助的人，是我们的福气。我一直相信，善用这样的福气，对我们只有好处，没有坏处。换言之，除了在职场上、生活上培养均衡的金钱观，若能更进一步，行有余力帮助社会，必定能够提升个人的境界，开阔我们的心胸。愿共勉之。

"金钱观念教养"检查表

衡量项目	YES	NO
身教		
1.今天在孩子面前，我没有乱花钱		
2.今天在孩子面前，我善用金钱对未来做投资		
3.今天在孩子面前，我善用金钱帮助他人		
管教		
1.给孩子红包或零用钱，给予他们管理金钱的机会		
2.给他们一个储蓄罐，或带他们去邮局或银行开账户		
3.教导他们存钱的好习惯		
4.当孩子存款数字上升时，鼓励他们，给予正向加强		
5.教导孩子善用金钱投资自己，也就是投资孩子的未来		
6.在适当时机，鼓励孩子善用金钱帮助需要被帮助的人们		
7.孩子如果有不再需要的东西，可以教导他捐出去给需要的人们		
8.孩子如果有不再需要的东西，也可以教导他去网拍或想办法卖掉。让他学会开源之道		

Chapter 11

10年教养

启动亲子双赢模式，
成就孩子一生的快乐与未来

让孩子成为具备成功特质的珍珠

从今天起，多以威信型风格去教养孩子，尊重孩子的生命特质，协助他们飞向自己的理想，飞入明日世界，几十年后他们必定能够长成令人注目的珍珠。当他们有所成就，回过头来，我相信他们会说最感谢的就是父母！

曾看过一个故事：有个年轻人觉得自己怀才不遇，一位老人听了他的遭遇后，把一粒沙子扔在沙滩上，说："请把它找回来。"

"这怎么可能？"年轻人说道。

接着老人又把一颗珍珠扔到沙滩上，对年轻人说："那现在呢？"

如果你只是沙滩中的一粒沙，不能苛求别人注意你、认同你。如果要别人认同你，就要设法让自己先变成一颗珍珠。

如果你能在孩子身上塑造出前几章提到的七大成功特质，你的孩子绝对会是沙滩上一颗稀有的珍珠。他一定会被看到，也一定有所成就。长大成人后，他不仅不会让你担心，还会照顾你，因为他会是一个"成功"而"完整"的人。他能够独当一面，也懂得和其他人合作；有责任感，也善于表达自己；能够独立思考，也能够面对生命逆境；三餐温饱也不成问题，因为他懂得储蓄理财。

所以，与其一直送孩子去补习班、才艺班，计较那一点分数，到头来变成一颗琴艺不错、名列前茅的沙子，不如用心栽培孩子成为一颗具备成功特质且光彩夺目的珍珠。

十岁前，为孩子奠定成功特质的良好基础

在一般家长认知中，"成功"的孩子成绩好、读名校、才艺高、常得奖。可是孩子进入社会，老板愿意提拔的员工往往工作态度好（积极正向、负责任）、能够与团队合作（人际关系好、沟通能力佳）、遇到挫折不会丧志（逆境智商高）。你有没有发现，孩子从小到大的训练，除了培养一技之长外，几乎没有教导孩子如何在社会上建功立业、发光发亮？孩子求学时努力达到在校"成功"所累积的能力（考试读书、琴棋书画），对他踏入社会后需要的能力，除了专业部分外，几乎没有太大帮助。这就是为什么有些家长会很困惑地说："我的小孩在学时可是一颗光彩夺目的珍珠，为什么进入社会就变成怀才不遇的沙子？"道理其实很简单，学校和社会的成功要件并不一样。相反地，有的小孩在校成绩普通、尚可接受，但是进入社会后做事做人的能力却让他大放异彩，父母也跟着面上有光。说穿了，就是"成功"的定义会随着时空不同而改变。

孩子的求学生涯一二十年，职场生涯却长达三四十年，退休后的生活

主要是受后者影响，而非前者。所以为人父母要懂得"争千秋"，而不要一味地"争一时"。孩子还是要读书，毕竟一技之长是进入社会的起点，但是我们一定要知道，孩子踏入社会后，能让他百尺竿头更进一步的，是他身上的成功特质，而不是考试读书的能力或者是才艺。

要培养孩子的成功特质，一定得趁孩子可塑性高的时候做，才能收事半功倍之效。**最好能在孩子十岁前就奠定七项成功特质的良好基础，让孩子如同吃饱了的好马，能够在人生路途中持续迈进。**俗话说"路遥知马力"，及早培养孩子成功特质，就是让他们有足够的马力在人生长远的路程中一展长才。

爱孩子，是要引导他们走出自己的人生

维基百科上说："草莓族是台湾社会对于约一九八一年后出生的世代的一种负面标签。"网络上，不少一九八一年后出生的年轻人严正抗议，认为这是中、高龄世代对年轻世代的歧视。维基百科对草莓族的定义是：

- 抗压性低（承受催逼、压力的能力低）
- 受挫性低（承受挫折、打击的能力低）
- 稳定度低
- 学历高但操作能力差
- 重视外表、物质与享乐
- 个人权益优先于群体权益

220

仔细想想，其实每个时代总有些人有以上特质，这并不是年轻世代的专利。这些年轻人叫屈也是有道理的，我相信并不是每一个年轻人都是草莓族。

从父母的观点来看，抱怨孩子变成草莓族之前，是不是也得先自我反省一下？运用我们之前学习到的教养风格理论，你是不是就能轻易判断，教出草莓族小孩的父母所采取的教养风格？

是的，十之八九是放任型父母或者是疏离型父母，才会教出草莓族小孩。所以，真正爱孩子的父母应该要调整自己的教养风格，成为威信型父母，教导孩子成功的七种智商：正向智商、右脑智商、逆境智商、独立思考智商、人际智商、沟通智商以及理财智商。

光爱孩子是不够的，只要孩子把书念好也是不够的，我们需要的是智慧，争千秋而不争一时，为孩子长长的一生莫下良好的成功基础。爱他，不只是帮他在学校里成功，更重要的是协助他在社会上成功、在自己的人生中卓然有成。

施振荣先生曾在《联合报》上提到他的教养观念，与本书的理念不谋而合："以前我事业忙，常开玩笑说小孩都是'天公养大的'。不过，他（指施振荣先生的儿子）把南加大的博士读回来，确实出乎我意料，尤其他是属于那种'小时不了'的孩子。我自己也是'小时不了'啊！但是我觉得，小时不了没关系，只要不打击他们的信心，他们懂事后，自然会去追求理想。"

会读书只是人生起点，具备成功特质才能走到终点

我曾跟几位年轻父母谈到本书的理念，虽然大部分家长都认同培养孩子的成功特质是必需的、却又被许多父母所忽略，但是我也遇过注重孩子成绩的妈妈紧张地跟我说："可是老师说，基测差一分就差好几个志愿了！"

我必须澄清，我并不是主张"学历无用论"，因为事实是，这会关系到孩子进入社会的起点。但即使有高学历作为高起点，却不代表孩子在社会上可以卓然有成。就像比尔·盖茨说："在学校，老师会帮助你学习，到公司却不会。如果你认为学校老师很严格，那是因为你还没有进入职场。因为，如果公司对你不严厉，你就要失业了。"要孩子适应竞争激烈的社会环境，还要他们脱颖而出，光会读书真的不够，还要培养孩子成功的人格特质，对孩子才是最佳的帮助。

而且，培养孩子成功特质，不代表孩子成绩就会变差，反而可能会变好。为什么呢？蔡典谟教授在《协助孩子反败为胜》中提到："在笔者研究的个案中，许多反败为胜的孩子都认为，他们以前成绩不好是由于缺乏动力，总认为读书是为父母、为老师；但是当他意识到读书是自己的责任，是为自己而非为别人，成绩好坏的关键在自己，那么他就会变得很积极，能够自动自发地用功，成绩也随之扬升。"

蔡教授也提到："过于被动依赖的孩子，处处要人督促、协助，一旦少了这些，孩子能不念则不念，读书效率不好，功课当然不好；无人协助

时，又无所适从。孩子之所以被动依赖，有些是家庭造成的，像是父母无微不至的照顾、越俎代庖；孩子温习功课时，父母就在一旁监督、协助、主导；孩子做完学校功课后，又派一大堆额外功课；父母管教过于权威，常用命令的方式。"

本书重点在于培养孩子的成功特质，如果你是威信型父母，比较有机会让孩子培养出高正向智商，上述情况就不会发生了。**所以训练孩子培养出成功特质，其实也是纠正孩子不正确读书心态的正本清源之法。**

蔡教授还指出："问卷调查能力优异而表现不佳的一百二十八位学生，资料显示成绩不佳的原因中，不用功是重要原因。其中，学生表示自己表现不好是因为努力不够的有75.3%，缺乏能力者仅占14.2%。可见，成绩表现不好的孩子多半不是因为能力不够，而是因为努力不够。"当孩子读书是意愿问题而非能力问题时，这时候改善亲子关系、释放孩子潜在的正向力量，是唯一的途径。就像我之前所说的，要让孩子自己开读书的车，而不是让父母在后面汗流浃背，推着孩子读书的车。

所以，让孩子培养出成功特质，和读书不见得是相互冲突的。在许多情况下，这两者反而呈现正相关。因为成功不是某个领域特有的，当一个人具有成功特质时，他在人生的许多面向中也能够获致杰出的表现，当然也包含读书。

改变自己，才是双赢的教养

与其去抱怨现今社会的乱象，不如先从自己的小孩教起。由父母以"聚沙成塔"的方式去影响下一代的素质，尊重孩子的生命特色，不只是一项理念，更牵涉到孩子的成功概率。

谢谢你的耐心以及对孩子无比的爱心，很有毅力地看完这本书。为了培养孩子的成功特质，无可避免地，我们也得改变自己的思考方式及行为模式。就如美国学者爱默生所言："好习惯是由小牺牲所养成的。"要成为威信型父母，我们也得牺牲一些过去的积习。那么，我们该如何启动孩子的成功方程式？以下是我的建议：

一、以情绪辅导五步骤，逐步改善自己和孩子的互动方式，将自己的教养风格调整为威信型。

二、然后你可以照本书顺序，也可以照你认为孩子目前最需要加强的部分，逐一实施改变教育。要一下子全面进行改变，不见得容易，可能会失去焦点。建议可以一个月集中在某一个主题上，进行深度影响与互动，当家长与孩子两方面的习惯都慢慢建立起来，就可以移到下一个特质。

三、不要忘了身教对孩子的影响力是最为深远的，千万要以身作则。改变孩子的同时，记得也要改变自己。

四、该放手时，父母就要放手。采用情境教养，可以让孩子的能力得到细心培养及充分发挥，亲子关系也会更加良好。

能够做到以上四点，我相信你的孩子一年之内就可以脱胎换骨，你会发现，随着自己对孩子教养方式的改变与调整，自己也会变得更正面，更具备成功特质。这种对孩子及自己都是双赢的教养方式，值得大家采纳推广。

尊重孩子的生命特质，孩子必将成功

我以本身的教养经验与结果，加上多年来观察、甚至辅导其他家庭孩子的经验，参酌现代教育理论实务，以及成功学、心理学及管理学三个领域的理论精华，酿成了本书的结晶。我诚心诚意希望这对与孩子的亲子关系、对孩子未来的成功与幸福，能有正面而长远的帮助。这样，我呕心沥血的笔耕就大大值得了。

现在不少人忧心社会风气日趋腐败，价值观堕落，不知道明日的社会会变成什么样子。这种忧虑并非空穴来风，的确是有令人忧心的迹象。身为社会的一分子，我们有责任与义务贡献一己之力，让社会变得更美好。而我们能做的是去正面影响我们的孩子。

因此，与其去抱怨现今社会的乱象，不如先从自己做起，先从自己的小孩教起，这样社会才有进步的希望。**与其希望在上位者去进行改革，不如由父母自己以"聚沙成塔"的方式去影响下一代的素质，能够这样想，你的"正向智商"就提高了，也是给你的孩子一个好榜样喔！**

最后，我以纪伯伦《先知》里《孩子》一诗为本书作结：

孩子

孩子实际上并不是"你们的"孩子

他们乃是生命本身的企盼

他们只是经你而生，并非从你们而来

他们虽与你们同在，却不属于你们

你们可以给他们的，是你们的爱而不是思想

因为他们有自己的思想

你们可以庇荫他们的身体，却不能庇荫他们的灵魂

因为他们的灵魂居于明日的世界，那是你们在梦中也无法探访的地方

你可以努力地学像他们一样，但是，不要白费力气要他们像你

因为岁月无法倒流，生命也不会停滞于昨日

你们是弓，孩子是从你们身上发出的生命之箭

那射箭者在苍茫路途中看定目标

用神力将你们引满一个弯弓，使你手中的箭射得又快又远

当为射箭者所成就的一切欢欣喜悦

因为他不仅爱那射出的飞箭，也爱手中握的那稳固的弯弓

"孩子实际上并不是'你们的'孩子"，意思是每个孩子都是独立的个体，也有自己的特色，他们来到这世上，成为有自己风格的璀璨"珍珠"。而我们身为父母的责任，就像是一把弓，我们应该尽我们所能，提供孩子正向的力量，培养他们成功的特质。但是箭要飞向何处，珍珠要形成什么色泽，我们应该尊重孩子的生命抉择。不过，至少父母必须扮演一具能够提供助力的弯弓，让孩子充满动力地奔向明日世界。如果父母只是提供阻力，那么箭飞不远必坠于地，沙子也无法淬炼成具有特色的珍珠。

尊重孩子的生命特色，不只是一项理念，更牵涉到孩子的成功概率。心理学家荣格说过："一个人的独特性若得到较佳的照顾，比那些独特性受到忽略或压抑的人，有更好的社会成就。"这也是为什么我们鼓励父母多施行威信型教养，来帮助孩子成功。

根据《联合报》报道，《时代》杂志颁发"亚洲英雄"奖给施振荣先生，施先生说最感谢的是妈妈（施振荣先生的父亲在他三岁时就过世了）。现在我们把时空拉长到二三十年后，甚至是三四十年后，你希望看到你的儿女有辉煌的成就吗？你希望儿女被问到为什么能有如此功业时，他们能够像施先生一样回答，最感谢的就是父母吗？

从今天起，多以威信型风格去教养孩子，尊重孩子的生命特质，好好培养儿女的成功智商，协助他们飞向自己的理想，飞入明日世界，我相信几十年后他们必定能够长成令人注目的珍珠。**当他们有所成就，回过头来，我相信他们会说最感谢的就是父母！**

爸爸、妈妈，谢谢你们

亲爱的爸妈：

非常谢谢你们，不只带我到这个人世，在过去三十多个年头，你们也无微不至地呵护我、引导我。**年轻的我，总会觉得很多事是靠自己的努力和打拼得来的。但是，现在回首来时路，我才知道，没有你们的呵护和引导，绝对没有今天的我。**

没错，自幼我是一个成就动机很强的小孩。但是，没有你们的鼓励，没有你们对人生的正向态度，没有你们面对挫折的高逆境智商，我怎么可能学会从挫折中一次又一次站起来，越挫越勇？

没错，自幼我是一个爱幻想的小孩。但是，没有你们给我一大片挥洒空间，没有你们的宽容和爱，我又如何能够保有赤子之心，保有我的想象力？

没错，自幼我是一个喜欢思考的小孩。但是，没有你们教导我独立思考的重要性，我又如何能够从跌跌撞撞中，学会不受诱惑、审时度势的态度？

没错，自幼我是一个爱讲话的小孩。但是，没有你们循循善诱，引导我博览群书，了解他人，我又如何能够学会从别人的角度思索事物？

没错，自幼我还算有恻隐之心。但是，如果没有你们以身作则，告诉我助人为快乐之本，今天的我，又如何能够抱持这样的信念，继续走在人生的道路上。

我知道，从小到大，你们以我为荣，不管从课业到工作，你们一直觉得我是您为人父母的骄傲。虽然，我的人生应该还有很长的路要走。我觉得我仿佛在爬山，才开始了一小段路。要走的路还很长，可以做的事还有许多。虽然未来如何，没有任何人可以预料。虽然我已经走过了三十多个年头，但是也还不知道我的人生将挥洒出什么样的风景。但是，我会好好秉持你们给予我的教导和爱，继续人生的旅程，才不枉你们对我的疼爱和引导。

亲爱的妈妈，去年十一月您因为胰脏癌骤逝，带给我们无限的伤痛和思念。谢谢您这么爱我、疼我，这三十多年来，有您的爱，让我觉得人生很幸福。只是，此世缘分终究是尽了。我所能做的是秉持您给我的教导，好好继续我的人生，帮助更多人。谨以此书之再版，作为一个开始。

您的爱，永远在我心中燃烧，发光发热。而我对您的爱，亦将是生生世世，天上人间。谢谢您，我挚爱的妈妈，我爱您！

参 考 书 目

教育／心理

● 周雯菁，周欣怡，周佳敏.我们就这样进台大［M］.新北：世茂出版社，2002.

● 杰弗里·布拉尼.启发一生的犹太教育法［M］.台北：先觉出版社，2006.

● 约翰·高特曼，琼安·迪克勒.好个性胜过好成绩—高EQ小孩的教养秘诀［M］.台北：时报出版社，2006.

● 嫡嫡阿南达密特.宇宙之爱——新人道教育［M］.台北：阿南达玛迦出版社，1991.

● 杰·唐纳·华特士.生命教育——与孩子一同迎向人生挑战［M］.台北：张老师文化出版社，1999.

● 蔡典谟.协助孩子出类拔萃——台湾、美国杰出学生实例［M］.新北：心理出版社，1996.

● 蔡典谟.协助孩子反败为胜［M］.新北：心理出版社，2003.

● 郑石岩.身教［M］.台北：远流出版社，1998.

● 郑石岩.发挥创意教孩子［M］.台北：远流出版社，2000.

● 郑石岩.父母之爱［M］.台北：远流出版社，1986.

● 郑石岩.教导孩子成材［M］.台北：远流出版社，2006.

● Rollo May.心理辅导的艺术［M］.台北：远流出版社，1991.

● Richard A. Fabes, Carol Lynn Martin.Exploring Child Development［M］.双叶书廊出版社.台北，2006.

● Edward E. Smith, Susan Nolen-Hocksema, Daryl J.Bem, Barbara L. Fredrickson, Geoffrey Loftus, Stephen Maren.普通心理学（上）（下）.［M］台北：桂冠出版社，2005.

成功学／企管

● 严长寿.总裁狮子心［M］.台北：平安文化出版社，1997.

● 严长寿.御风而上—严长寿谈视野与沟通［M］.新北：宝瓶出版社，2002.

● 郭泰.王永庆奋斗传奇.台北：远流出版社，2005.

● 刘震涛，黄德海.台塑打造石化王国——王永庆的管理世界［M］.台北：天下文化出版社，2007.

● 葛洛夫.葛洛夫给经理人的第一课［M］.台北：远流出版社，2005.

● 李开复.做最好的自己［M］.台北：联经出版社，2006.

● 约瑟夫·奈伊.柔性权力［M］.台北：远流出版社，2006.

● 史蒂芬·柯维.与成功有约［M］.台北：天下文化出版社，1995.

● 卡耐基.卡耐基沟通与人际关系［M］.台北：龙龄出版社，1991.

● 张璞.AQ启示录——14则让人性底片曝光的逆境启示［M］.台北：

智言馆出版社，2006.

● 保罗·史托兹.AQ——逆境商数［M］.台北：时报出版社，1997.

● 布丽吉特·拜勒.培养小孩正确的价值观［M］.台北：天下文化出版社，2005.

● 洪志鹏.最后的江湖道义［M］.新北：宝瓶出版社，2002.